ELOGIO DA LOUCURA

ERASMO DE ROTTERDAM

ELOGIO DA LOUCURA

Tradução de Paulo Neves

www.lpm.com.br

Coleção **L&PM** POCKET, vol. 278

Texto de acordo com a nova ortografia.

Título original: *Éloge de la Folie*

Primeira edição na Coleção **L&PM** POCKET: abril de 2003
Esta reimpressão: fevereiro de 2024

Tradução: Paulo Neves
Capa: Ivan Pinheiro Machado. *Ilustração*: *Portrait of Isabel Rawsthorne*, 1966, óleo sobre tela de Francis Bacon
Revisão: Caroline Chang e Jó Saldanha

E65e

Erasmo, Desidério, 1467-1536.
    Elogio da loucura/ Desidério Erasmo; tradução de Paulo Neves. – Porto Alegre: L&PM, 2024.
    144 p. ; 18 cm. – (Coleção L&PM POCKET; v. 278)

    ISBN 978-85-254-1268-3

    1.Ensaios filosóficos. 2.Filosofia-Ensaios. 3. Filosofia-Ensaios críticos. 4.Rotterdam, Erasmo de, 1467-1536. Pseud. I.Título. II.Série.

CDU 165.745(049.3)

Catalogação elaborada por Izabel A. Merlo, CRB 10/329.

© da tradução, L&PM Editores, 2003

Todos os direitos desta edição reservados a L&PM Editores
Rua Comendador Coruja, 314, loja 9 – Floresta – 90.220-180
Porto Alegre – RS – Brasil / Fone: 51.3225.5777

PEDIDOS & DEPTO. COMERCIAL: vendas@lpm.com.br
FALE CONOSCO: info@lpm.com.br
www.lpm.com.br

Impresso no Brasil
Verão de 2024

Sumário

Elogio da Loucura / 7
Sobre o Autor / 131
Cronologia / 134

Erasmo de Rotterdam a seu amigo Tomás Morus

Salve

Voltando recentemente da Itália à Inglaterra, para não perder em devaneios inúteis o tempo a que me obrigava a viagem a cavalo, entreguei-me várias vezes ao prazer ora de recordar nossos estudos comuns, ora de entreter-me na agradável lembrança dos caros e sábios amigos que eu ia rever. Você foi um dos que se apresentaram mais seguidamente à minha memória, meu caro Morus. Eu reconstituía, em sua ausência, os momentos felizes que passei a seu lado, momentos que foram, garanto-lhe, os mais doces de minha vida.

Tendo então resolvido fazer alguma coisa, e não estando em circunstâncias favoráveis para compor uma obra séria, tive vontade de distrair-me fazendo o Elogio da Loucura.

"Que Minerva, você me dirá talvez, lhe inspirou essa singular ideia?" Em primeiro lugar, pensando em você, seu nome de família Morus lembrou-me o de *Moria* que os gregos dão à Loucura, embora essa relação se limite aos nomes e você esteja muito longe de ter parte nas influências dessa Deusa, como todos concordam. Imaginei também que essa brincadeira seria de seu agrado. Pois sei que, como Demócrito, você ri às vezes da vida humana e que gosta desse tipo de brincadeiras, quando elas não são completamente desprovidas de sal e de graça; e, se não me engano, esta é uma delas. Embora a superioridade de seu espírito o eleve muito acima do vulgo, você possui a arte de colocar-se ao alcance de todos, e sua bondade natural o faz ter prazer em exercê-la com frequência.

Receba então, peço-lhe, esta pequena declamação, seja como uma prova de meus sentimentos por você, seja como uma obra que coloco sob sua proteção, e que lhe pertence mais que a mim, já que lhe é dedicada. Pois não duvido nem um pouco que detratores mal-intencionados digam que estas bagatelas são indignas de um teólogo, que estas sátiras são contrárias à modéstia cristã; talvez me reprovem fazer renascer a malignidade da antiga comédia e criticar todo o mundo, como Luciano.

Quanto aos que virem muito pouca importância no assunto e se escandalizarem com o tom jocoso com que é tratado, peço-lhes dignarem-se observar que não sou o primeiro a escrever nesse gênero, mas que sigo o exemplo de vários grandes homens. Homero comprazeu-se, há muitos séculos, em escrever a guerra dos ratos e das rãs; Virgílio fez um poema sobre o mosquito, e Ovídio fez um sobre a noz; Polícrates escreveu o Elogio de Busíris, que foi corrigido por Isócrates; Glauco louvou a injustiça; Favorino, Tersítes[1] e a febre quartã; Sinésio, os carecas; Luciano, as moscas e os parasitas. Sêneca descreveu, gracejando, a Apoteose do imperador Cláudio. Plutarco compôs um Diálogo entre Ulisses e Grilo transformado em suíno. Luciano e Apuleio escreveram sobre o asno; e um autor de cujo nome não recordo fez o testamento de um porco chamado Grúnio Corocotta, que São Jerônimo menciona em suas obras. Se meus censores não se contentarem com essas razões, então que imaginem que já joguei xadrez e brinquei de cavalinho de pau.

Não seria injusto, para os homens de letras, proibir-lhes divertimentos que se permitem a todas as condições? Pois seus divertimentos, afinal, podem ser úteis, e um leitor com um pouco de bom senso pode tirar mais proveito deles, às vezes, que das obras pomposas de muita gente. Um

---

1. Tersítes: personagem da *Ilíada* que encarna a covardia insolente. (N.T.)

celebra a retórica e a filosofia por um discurso salpicado de frases roubadas de todos os lados; outro faz o elogio de um príncipe; um exorta os povos a empreender a guerra contra os turcos; outro faz previsões do futuro; outro ainda se compraz em discutir sobre seres imaginários. Assim como não há nada mais pueril do que tratar as coisas sérias de uma maneira divertida, assim também não há nada mais divertido do que parecer querer tratar a sério os gracejos. Cabe ao público julgar esta obra; no entanto, se o amor-próprio não me cega, penso que o *Elogio da Loucura* não é inteiramente a obra de um louco.

Mas, para responder aos que poderão me acusar de ter sido satírico, sustento que sempre foi permitido aos homens de letras gracejar sobre a vida humana, desde que esse gracejo não degenere em raiva ou furor. Nada mais singular que a delicadeza de nosso século, que tolera apenas títulos habituais. Há mesmo pessoas cujos escrúpulos são tão deslocados que prefeririam ouvir blasfêmias contra Jesus do que o mais leve gracejo sobre os papas ou os poderosos, principalmente se isso envolve o interesse delas.

Mas aquele que critica a vida humana, sem atacar ninguém em particular, não parece querer antes advertir e repreender por conselhos do que ferir pela sátira? Aliás, quantas vezes não sou eu mesmo atacado? Aquele que não poupa nenhuma condição humana faz ver claramente que são os vícios, e não os homens, que ele critica. Se houver portanto alguém que pense que o ofendi nessa brincadeira, então é que ou sua consciência o acusa em segredo, ou que ele teme que o público possa acusá-lo.

O próprio São Jerônimo exerceu a sátira com bem mais licença e malignidade, pois às vezes chegou até a dizer os nomes das pessoas que ele queria atacar. Quanto a mim, além de evitar sempre nomear alguém, dei a esta obra um estilo tão moderado, que qualquer leitor razoável perceberá que busquei antes divertir-me do que ferir alguém.

Não revolvi, como Juvenal, a latrina empestada dos vícios secretos; dediquei-me mais aos defeitos ridículos que aos vícios vergonhosos. Enfim, se alguém não quiser ainda contentar-se com essas razões, que pense então que é honroso ser censurado pela Loucura, e que, tendo escolhido essa Deusa para fazer ela própria seu elogio, fui obrigado a adaptar-me a seu caráter.

Mas por que sugerir meios de defesa a você que é tão bom advogado, e em cujas mãos mesmo as causas pouco excelentes tornam-se muito boas? Adeus, sapientíssimo Morus. Defenda com zelo esta Loucura que agora lhe pertence.

No campo, em 10 de junho de 1508.

Elogio da Loucura

A Loucura fala

Digam de mim o que quiserem (pois não ignoro como a Loucura é difamada todos os dias, mesmo pelos que são os mais loucos), sou eu, no entanto, somente eu, por minhas influências divinas, que espalho a alegria sobre os deuses e sobre os homens.

De fato, desde que apareci nesta numerosa assembleia, desde que me dispus a falar, não vi de repente brilhar em vossas faces um contentamento vivo e extraordinário? Não vi vossas frontes se desfranzirem imediatamente? E as gargalhadas que se fazem ouvir de todos os lados, não anunciam o delicioso contentamento que se apoderou de vossos corações e o prazer que vos causa minha presença? Quando vos considero agora, parece-me ver os deuses de Homero embriagados de néctar e de nepentes[2], enquanto antes permanecíeis aí tristes e inquietos, como pessoas saídas há pouco da caverna de Trofônio. Tal como o astro brilhante do dia, quando seus primeiros raios dissipam as trevas que cobriam o horizonte, ou tal como a primavera quando, após um rigoroso inverno, traz de volta consigo a doce aragem dos Zéfiros: tudo se transforma em seguida na terra, um colorido mais brilhante embeleza todos os objetos, e a natureza rejuvenescida oferece a nossos olhos um espetáculo mais agradável e mais risonho: assim minha presença produziu de repente em vossas fisionomias a mudança mais ditosa. O que grandes oradores têm dificuldade de fazer com discursos longos e estudados, esta simples presença o fez num instante: tão logo me vistes, vossas inquietações se dissiparam.

---

2. Nepentes: na Antiguidade, uma bebida à base de uma planta do mesmo nome à qual era atribuída o poder de acabar com a tristeza. (N.E.)

Ora, ireis saber por que apareço hoje diante de vós nestas vestimentas bizarras; contanto, porém, que não vos canseis de me escutar. Mas não imagineis que exijo aqui de vós aquela atenção com que honrais ordinariamente vossos pregadores. Em absoluto. Escutai-me como tendes o costume de escutar os bufões, os pantomimeiros, os saltimbancos, os charlatães das praças públicas; ou como nosso amigo Midas escutou outrora a música do deus Pã. Pois tenho vontade de bancar um pouco o sofista convosco. Não falarei, no entanto, como os pedantes que sobrecarregam hoje a cabeça das crianças com um monte de bagatelas difíceis, e que lhes ensinam a discutir com mais teimosia que as mulheres; mas imitarei os antigos que, para evitar o nome de sábios, muito desacreditado em seu tempo, preferiram adotar o de sofistas. Ora, esses sofistas dedicavam-se a celebrar, por elogios, os deuses e os heróis. Vou portanto fazer um elogio; não será nem o de Hércules, nem o de Sólon, mas sim o meu, isto é, o *Elogio da Loucura*.

Primeiro sabereis que me preocupo muito pouco com esses sábios que, porque um homem faz louvores a si próprio, tratam-no imediatamente de presunçoso e impertinente. Se o tratassem de louco, seria melhor; mas que admitam ao menos que, agindo assim, ele se conduz de uma maneira inteiramente conforme a essa qualidade. Com efeito, há algo de mais natural do que ver a Loucura exaltar seu próprio mérito e cantar ela própria seus louvores? Quem poderia melhor do que eu pintar-me tal como sou? A menos que haja alguém que pretenda conhecer-me melhor do que me conheço eu mesma.

Aliás, ao agir assim, acredito conduzir-me bem mais modestamente que o comum dos sábios e dos poderosos. Estes, retidos por uma má vergonha, não ousam louvar a si mesmos, mas geralmente atraem a seu redor algum panegirista melífluo, algum poeta tagarela que, por dinheiro, dispõe-se a louvá-los, isto é, a declamar-lhes mentiras. Mesmo assim o herói pudibundo emproa-se como um pavão e levanta arrogantemente a crista, quando seu louvador impudente ousa igualar aos deuses o mais desprezível dos patifes; quando propõe como um modelo perfeito de todas as virtudes aquele que ele sabe mergulhado em todos os vícios; quando enfeita a gralha com as penas do pavão; quando procura branquear a pele de um negro; quando se esforça por fazer passar uma mosca por um elefante... Enfim, faço o que diz o provérbio: *Se ninguém te louva, farás bem em louvar-te tu mesmo.*

Mas, em verdade, surpreende-me a ingratidão ou, se quiserdes, a negligência dos homens a meu respeito. Todos têm por mim a veneração mais profunda, todos gostam de sentir meus benefícios; e, apesar disso, depois de tantos séculos, ainda não se viu um só que tenha se lembrado de celebrar meus louvores por um elogio carinhoso; enquanto os Busíris, os Faláris, a febre quartã, as moscas, a calvície e mil outras pestes do gênero tiveram panegiristas que não pouparam tempo nem dificuldade para celebrá-los por elogios pomposos.

O discurso que vou fazer não será nem premeditado nem estudado; assim, portanto, conterá menos mentiras. Não acrediteis, porém, que o que digo seja uma dessas artimanhas que os oradores empregam geralmente para enaltecer seu espírito. Estes, como sabeis, depois de terem trabalhado trinta anos num discurso, às vezes plagiado em sua melhor parte, no-lo oferecem a seguir como uma obra que eles escreveram ou ditaram divertindo-se, no espaço de três dias. Quanto a mim, sempre gostei de dizer o que me vem à boca.

Não espereis de mim nem definição, nem divisão de mestre de retórica. Nada seria mais despropositado. Definir-me seria dar-me limites, e minha força não conhece nenhum. Dividir-me seria distinguir os diferentes cultos que me prestam, e sou adorada por igual em toda a terra. Além do mais, por que querer vos dar, por uma definição, uma cópia ideal de mim mesma que não seria mais que minha sombra, se tendes diante dos olhos o original?

Sou portanto, como vedes, aquela verdadeira distribuidora dos bens, aquela Loucura que os latinos chamam *Stultitia* e os gregos Moria. Mas que necessidade havia de dizê-lo? Minha fisionomia já não o mostra suficientemente? E, se alguém tivesse a audácia de afirmar que sou Minerva ou a Sabedoria, teria eu necessidade de pintar-lhe minha alma por meus discursos? Não lhe bastaria olhar-me por um instante para convencer-se do contrário? Não pode haver em mim nem maquiagem nem dissimulação, e jamais se percebe em meu rosto as aparências de um sentimento que não esteja em meu coração. Enfim, sou em toda parte tão semelhante a mim mesma que ninguém poderia me ocultar, nem mesmo os que querem desempenhar o papel de sábios e que mais desejam ser tidos como tais. Apesar de todos os seus fingimentos, eles se parecem a macacos vestidos de púrpura ou a asnos cobertos de pele do leão; por mais que o façam, há sempre uma ponta de orelha que revela, no final, a cabeça de Midas[3].

Em verdade, essa espécie de homens é muito ingrata comigo! Eles são os mais fiéis de meus súditos, no entanto têm tanta vergonha de usar meu nome em público que chegam até a reprová-lo nos outros, como um sinal de desonra e de infâmia. Mas esses loucos perfeitos, que querem ser

---

3. Em uma disputa entre Pã e Apolo, sobre quem tocava música de modo mais sublime, o rei Midas declarou que Pã fora o vencedor. Apolo, com raiva, fez crescer no rei orelhas de asno. Este, envergonhado, escondeu de todos as orelhas, menos do seu barbeiro, a quem ameaçou de morte, caso revelasse tão infamante segredo. O barbeiro, angustiado por carregar tal responsabilidade, cavou no chão um buraco, onde depositou o segredo, mas a cada vez que ventava vinha à tona o segredo que Midas tanto queria esconder. (N.E.)

considerados tão sábios como Tales[4], acaso não merecem ser chamados de Morósofos, isto é, *sábios-loucos*? Por ora, quero imitar aqui os mestres de retórica de nossos dias, que se julgam pequenos deuses quando, como a sanguessuga, parecem servir-se da língua deles, e que veem como algo maravilhoso entrelaçar, a torto e a direito, num discurso latino, algumas palavras gregas que o tornem enigmático. Se não conhecem nenhuma língua estrangeira, eles tiram de algum livro bolorento quatro ou cinco velhas palavras com as quais deslumbram o leitor. Os que as compreendem ficam satisfeitos de achar uma ocasião de se comprazer em sua própria erudição; e, quanto mais elas parecem ininteligíveis aos que não as compreendem, tanto mais são admiradas por isso. Pois, para esses meus amigos, não é um prazer pequeno admirar as coisas que vêm de longe. Se, entre os últimos, houver algum com a vaidade de querer passar por sábio, um pequeno sorriso de satisfação, um pequeno sinal de aprovação, um movimento de orelha à maneira dos asnos será o suficiente para salvar sua ignorância aos olhos dos outros. Mas voltemos à nossa conversa.

Portanto, ouvintes muito... como direi?... ouvintes muito loucos?... Por que não? É o título mais honroso que a Loucura pode dar a seus iniciados. Pois bem, ouvintes muito loucos, sabeis agora o meu nome. Mas como há muita gente que ignora minha origem, devo tratar de apresentá-la, mediante o auxílio das Musas.

Não nasci nem do Caos, nem dos Infernos; não devo a luz nem a Saturno, nem a Jápeto ou a alguma outra dessas velhas divindades sem valor. Pluto[5] foi meu pai, esse Pluto

---

4. Refere-se a Tales de Mileto, nascido em fins do século VII a.C. e morto entre 548 a.C e 545 a.C., e considerado o fundador da filosofia ocidental. (N.E.)

5. Pluto: a personificação grega da riqueza. Para explicar o fato de que também os maus são ricos, dizia-se que Zeus cegara Pluto. Em uma comédia de Aristófanes que leva o seu nome, brinca-se com as mudanças pelas quais o mundo passaria se esta divindade fosse curada de sua cegueira. (N.E.)

que, não obstante Homero, Hesíodo e mesmo o grande Júpiter, é o pai dos deuses e dos homens; esse Pluto que, hoje como outrora, desarruma à vontade e põe de pernas para o ar todas as coisas profanas e sagradas; esse Pluto que conduz a seu capricho a guerra, a paz, os impérios, os conselhos, os tribunais, as assembleias dos povos, os casamentos, os tratados, as alianças, as leis, as artes, o que é sério, o que é divertido, o... perco o fôlego; esse Pluto, enfim, que governa como lhe apraz todos os assuntos públicos e particulares dos homens; esse Pluto sem o amparo do qual os deuses poéticos, e ouso dizer até os grandes deuses, ou não existiriam em absoluto, ou ao menos passariam fome; esse Pluto cuja cólera é tão temível que a própria Palas não poderia barrá-la, e cujos favores são tão preciosos, e a proteção tão poderosa, que o mortal afortunado que os recebe pode desafiar Júpiter e seu raio.

Meu pai não me concebeu em seu cérebro, como Júpiter concebeu outrora a grosseira e mal-humorada Minerva; mas deu-me por mãe Neotetes, a *Juventude*, a mais bonita, a mais alegre, a mais folgazã de todas as ninfas. Também não sou o fruto dos deveres de um triste casamento, como o coxo Vulcano; nasci, como diz o bom Homero, *em meio aos transportes deliciosos do amor*. E, a fim de que não vos enganeis quanto a isso, não foi na velhice e quase cego, como descreve Aristófanes, que Pluto me engendrou, mas sim em pleno vigor da idade, quando o fogo da juventude inflamava suas veias, e num daqueles instantes agradáveis em que o néctar que bebera de um trago à mesa dos deuses o deixou de bom humor.

Gostaríeis talvez de saber o lugar de meu nascimento, pois hoje se acredita que o lugar onde a criança deu seus primeiros gritos é essencial à sua nobreza. Então vos direi que não nasci nem na ilha flutuante de Delos, nem sobre as ondas do mar, nem nas cavernas profundas; nasci nas ilhas Afortunadas, lugar encantador onde a terra, sem ser cultivada, produz sozinha os mais ricos presentes. O trabalho, a velhice, as doenças jamais se aproximaram daqueles campos felizes. Lá não se vê brotar nem malva, nem tremoço, nem fava, nenhuma dessas plantas que são boas apenas para o vulgo. Lá, o *moly*[6], a panaceia, o nepentes, a manjerona, as rosas, as violetas e os jacintos seduzem em toda parte o olfato e a visão, e fazem desse lugar encantador jardins mil vezes mais deliciosos que os de Adônis.

Nascida nessa terra de encantos, meu nascimento não foi anunciado por meu choro; assim que vim ao mundo, viram-me sorrir graciosamente para minha mãe. Seria um grande erro eu invejar a Júpiter a felicidade de ter sido aleitado por uma cabra, pois as duas ninfas mais graciosas do mundo, Mete, a *Embriaguez*, filha de Baco, e Apédia, a *Ignorância*, filha de Pã, foram minhas amas de leite. Podeis vê-las aqui entre minhas companheiras e seguidoras.

A propósito de minhas seguidoras, convém que vo-las apresente. A que vos observa ali com um ar arrogante é o *Amor-próprio*. A outra, com o rosto afável e as mãos prontas para aplaudir, é a *Adulação*. Aqui vedes a deusa do *Esquecimento*, que adormece e parece já esquecida. Mais adiante, a *Preguiça* tem os braços cruzados e apoia-se sobre os cotovelos. Não reconheceis a *Volúpia*, por suas guirlandas, suas coroas de rosas, e pelas essências deliciosas com que se perfuma? Não notais a que passeia a toda volta seus olhares impudentes e incertos? É a Demência. Aquela outra, de pele luzente, corpo abundante e rechonchudo, é a deusa das *Delícias*. Mas também percebeis dois deuses em meio a essas deusas. Um é *Como*[7] e o outro é *Morfeu*[8].

É com o auxílio desses servidores fiéis que submeto a meu império tudo o que existe no universo; é através deles que governo os que governam o mundo.

---

6. Moly: espécie de alho. Planta mágica com flores brancas e raiz negra. (N.T.)

7. Como: Deus grego que preside os prazeres da mesa. (N.T.)

8. Morfeu: personificação do sono e do sonho. (N.E.)

Conheceis portanto minha origem, minha educação e meu séquito. Agora, a fim de que ninguém pense que me arrogo muito levianamente o título de deusa, vou contar quais são as vantagens que proporciono aos deuses e aos homens; vou mostrar toda a extensão de meu império. Escutai com toda a vossa atenção.

Se é com razão que disseram: *Ser deus é fazer o bem aos homens*; se é com justiça que colocaram entre os Imortais os que inventaram o trigo, o vinho, ou que propiciaram a seus semelhantes uma outra vantagem dessa espécie, não devo eu ser vista como a maior de todas as divindades, eu que espalho sobre os mortais todas as vantagens e todos os benefícios?

Em primeiro lugar, existe algo de mais doce, de mais precioso que a vida? E não sou eu a origem desse bem? Não é nem a lança da orgulhosa Palas nem a égide do poderoso Júpiter que engendram e multiplicam os homens. O próprio Júpiter, rei do céu e da terra, que com um único olhar faz tremer todo o Olimpo, é obrigado a depositar seu raio temível, a abandonar seu aspecto ameaçador que assusta todos os deuses e, enfim, a disfarçar-se como um pobre comediante, sempre que lhe dá vontade de fazer... o que ele faz de tempo em tempo... de trabalhar para ser pai.

Depois dos deuses, os estoicos são, pelo menos segundo eles, os mais sublimes de todos os seres. Pois bem, deem-me um estoico, mesmo que seja três, quatro, mil vezes mais estoico que todos os estoicos juntos; se eu não conseguir fazê-lo raspar a barba, que ele vê como o sinal da sabedoria, embora partilhe esse sinal com os bodes, pelo menos o forçarei a abandonar seu ar mal-humorado, desfranzir-lhe-ei a testa e o farei renunciar a seus princípios severos; durante algum tempo, ele se entregará à alegria, à extravagância, à loucura; em uma palavra, por mais sábio que possa ser, se quiser obter os prazeres da geração, é a mim, é somente a mim que ele deve recorrer.

Mas por que não vos dizer, segundo meu costume, as coisas muito naturalmente? Dizei-me, peço-vos, é a cabeça, o rosto, o peito, as mãos, as orelhas, é algum desses membros honestos que engendra os deuses e os homens? Em absoluto. A parte que serve à propagação do gênero humano é tão doida, tão ridícula, que não saberíamos nomeá-la sem rir. No entanto, é dessa fonte sagrada, bem mais que dos números de Pitágoras, que decorre a vida de todos os seres.

E, de boa-fé, qual é o mortal que quereria sujeitar-se ao casamento se tivesse considerado antes, como homem sensato, os inconvenientes desse estado? Qual a mulher que cederia às demandas amorosas de um homem, se tivesse pensado a sério nos incômodos da gravidez, nas dores, nos perigos do parto e nos trabalhos penosos da educação? Ora, já que deveis a vida ao casamento, e os casamentos são formados pela *Demência*, que é uma de minhas seguidoras, julgai quantas obrigações me deveis! Além do mais, quando uma mulher experimentou de uma vez por todas esses incômodos, poderia ela expor-se a eles de novo se minha boa amiga deusa do *Esquecimento* não espalhasse sobre ela suas influências? Que o poeta Lucrécio diga o que quiser! A própria Vênus não pode negar que, sem meu auxílio divino, todo o seu poder não teria energia alguma, permaneceria sem força e sem efeito.

É portanto desse jogo extravagante e ridículo ao qual presido que provêm os filósofos presunçosos, aos quais sucederam aqueles que o vulgo chama de *monges*; é daí que vêm os reis cobertos de púrpura, e os sacerdotes do Senhor, e os papas, nossos santíssimos Pais; enfim, é daí que vem igualmente a multidão inumerável de divindades poéticas que o Olimpo, ainda que muito poderoso, mal consegue conter.

Mas é pouco ter-vos demonstrado que é de mim que procede o princípio e o começo da vida; irei vos mostrar agora que todas as vantagens, todas as satisfações dessa vida são outros tantos presentes que deveis à minha beneficência.

Com efeito, o que é a vida se suprimis seus prazeres? Merece ela então o nome de vida?... Vós me aplaudis, meus amigos! Ah! eu sabia o quanto éreis todos muito loucos, isto é, muito sábios, para não compartilhar meu pensamento... Os próprios estoicos amam o prazer; eles não poderiam odiá-lo. Por mais que dissimulem, por mais que difamem a volúpia aos olhos do vulgo, cumulando-a de injúrias as mais atrozes, é puro fingimento! Tratam de afastar os outros dela para que eles próprios a usufruam com mais liberdade. Mas, por todos os deuses! que eles me digam então qual instante da vida não é triste, tedioso, desagradável, insípido, insuportável, se não for temperado pelo prazer, isto é, pela loucura. Eu poderia contentar-me aqui em citar o testemunho de Sófocles, esse grande poeta que nunca se terá louvado o bastante, e que fez de mim um tão belo elogio quando disse: *A vida mais agradável é a que transcorre sem nenhuma espécie de sabedoria.* Mas examinemos a coisa mais detalhadamente.

Em primeiro lugar, não é verdade que a infância, a primeira idade do homem, é a mais alegre e a mais encantadora de todas as idades? As pessoas amam as crianças, beijam-nas, abraçam-nas, acariciam-nas, cuidam delas; mesmo um inimigo não pode impedir-se de socorrê-las. Como se explica isso? É que, desde o instante do nascimento delas, a natureza, essa mãe previdente, espalhou a seu redor uma atmosfera de loucura que encanta os que as educam, alivia-os de suas penas e atrai para essas pequenas criaturas a benevolência e a proteção que eles próprios necessitam.

E a idade que sucede à infância, que encantos não possui aos olhos de toda gente! Com que ardor não se esforçam por favorecê-la, por ajudá-la, por socorrê-la! Ora, quem dá a essa idade encantadora as graças que a fazem querida? Quem as concede, senão eu? Afasto dos jovens a sabedoria importuna e assim espalho sobre eles o feitiço sedutor dos prazeres. E, para que não imagineis que vos narro contos de fadas, considerai os homens desde que atingiram seu pleno crescimento e que a experiência e as lições começaram a torná-los sensatos; imediatamente a beleza começa a desvanecer, a alegria se extingue, as forças diminuem, as graças desaparecem; à medida que se afastam de mim, a vida os abandona cada vez mais, até chegarem a essa velhice tristonha que é um peso para ela mesma e para os outros.

E, certamente, nenhum mortal poderia suportar essa velhice, se as misérias da humanidade não me obrigassem a vir mais uma vez em seu auxílio. Tal como os deuses dos poetas, que, quando os mortais estão prestes a perder a vida, os aliviam por alguma metamorfose, também eu transformo os velhos que estão à beira do túmulo e os trago de volta, tanto quanto posso, à idade feliz da infância.

Se alguém quiser saber por que meios opero essa metamorfose, não farei nenhum mistério. Conduzo-os até a nascente do Letes[9], que fica nas ilhas Afortunadas (pois nos Infernos corre apenas um pequeno riacho desse rio); lá, faço que bebam em grandes goles o esquecimento de todas as misérias desta vida; suas inquietudes e tristezas dissipam-se aos poucos; eles rejuvenescem.

Mas, dir-me-eis talvez, eles disparatam, repetem sempre as mesmas coisas. – Sem dúvida. E eis aí precisamente o que chamo recair na infância. Disparatar, repetir sempre as mesmas coisas não é ser criança? Não é sobretudo porque carece de razão que essa idade nos distrai e nos diverte? Com efeito, uma criança tão sábia quanto um homem maduro não seria detestada por todos, não seria vista em toda parte como um monstro? O provérbio tem razão de dizer: *Odeio numa criança uma sabedoria prematura.*

---

9. Letes: um dos cinco rios do mundo dos mortos. Segundo a mitologia romana, quem nele mergulhava esquecia-se de tudo que fizera em vida. (N.E.)

Quem poderia suportar a conversa e a companhia de um velho que tivesse tanto de presença de espírito quanto de juízo e experiência? Cabe a mim, portanto, dar ao velho o delírio que o faz disparatar; mas é também esse afortunado delírio que afasta dele as inquietudes, as tristezas que atormentam o sábio. Comensal agradável, ele sabe ainda, com o copo na mão, acompanhar seus amigos. Vive alegremente e mal percebe o fardo da vida que as pessoas mais robustas têm dificuldade de suportar. Às vezes, até, ele faz como o bom ancião de Plauto[10]: ensina ainda a dizer as doces palavras *eu gosto*. Como seria lastimável se desfrutasse de toda a sua razão!

No entanto, favorecido por meus benefícios, ele é benquisto por seus amigos e cumpre ainda muito bem sua parte numa conversa alegre. Pois, a acreditar em Homero, palavras mais doces que o mel manavam da boca do velho Nestor, enquanto o impetuoso Aquiles desafogava-se em frases amargas; segundo o mesmo poeta, os velhos, protegidos por suas paredes, divertiam-se em zombar dos outros. Sob esse aspecto, a velhice leva ainda vantagem sobre a infância; pois esta, embora muito agradável, é no entanto privada de um prazer muito doce na vida, o prazer de mexericar.

Além do mais, os velhos apreciam muito a companhia das crianças, e as crianças a companhia dos velhos; *pois os deuses gostam de unir os semelhantes*. De fato, se excetuarmos as rugas e o número dos anos, próprios da velhice, há dois seres que se assemelhem mais que o velho e a criança? Ambos têm cabelos escassos, uma boca sem dentes, um corpo raquítico; gostam de leite, gaguejam, tagarelam; a tolice, o esquecimento, a indiscrição, tudo contribui para formar entre

---

10. Plauto: trata-se de Tito Maccio Plauto (250-184 a.C.), comediógrafo latino de grande sucesso e apelo popular, cujos enredos foram revisitados e serviram de inspiração a Molière, Shakespeare, Jean Giraudoux e outros. (N.E.)

essas duas criaturas uma semelhança perfeita. Quanto mais os homens envelhecem, mais se assemelham a crianças, até deixarem enfim este mundo comum como verdadeiras crianças, sem desgosto pela vida e sem perceberem a morte.

Que se compare agora, se quiserem, esse benefício que espalho sobre os homens com as metamorfoses dos outros deuses. Não falarei aqui das metamorfoses que eles fizeram em sua cólera; examinemos aquelas consideradas como as grandes marcas de seu favor. O que eles fazem por seus amigos moribundos? Transformam-nos em árvore, em pássaro, em cigarra ou mesmo em serpente. Mas morrer não é assim apenas mudar de natureza? Quanto a mim, sem destruir o homem, levo-o de volta ao tempo mais feliz e mais doce de sua vida. Ah! se os homens renunciassem inteiramente à sabedoria e passassem comigo o tempo inteiro de sua vida, eles ignorariam os dissabores da triste velhice, e os encantos de uma juventude contínua espalhariam a todo instante sobre eles a alegria e a felicidade.

Vede esses homens magros, tristes e rabugentos que se dedicam ao estudo da filosofia, ou a alguma outra coisa difícil e séria; a alma deles, constantemente agitada por uma multidão de pensamentos diversos, influi sobre seu temperamento; os espíritos vitais dissipam-se em grande abundância, o úmido fica seco, e geralmente eles se tornam velhos antes de terem sido jovens. Meus loucos, ao contrário, sempre gordos, rechonchudos, trazem no rosto a imagem brilhante da saúde e da fartura, como os porcos da Acarnânia[11]. E, por certo, não sentiriam nenhuma das fraquezas da velhice se não fossem sempre um pouco afetados pelo contágio dos sábios. Mas o homem não foi feito para ser perfeitamente feliz na terra.

Um antigo provérbio serve ainda para provar o que digo: *Somente a loucura*, diz ele, *retarda o curso rápido da juventude e afasta de nós a velhice importuna*. Assim

---

11. Acarnânia: região da antiga Grécia próxima ao Mar Jônico. (N.E.)

foi dito com razão, dos belgas, que, quanto mais envelhecem, mais enlouquecem, ao invés dos outros homens, que geralmente se tornam prudentes com a idade. Contudo, não há povo cujo convívio seja mais agradável e que sinta menos os desgostos da velhice. Outro povo que se assemelha aos belgas tanto pelos costumes quanto pelo clima em que vivem são meus bons amigos holandeses. Por que não os chamaria meus bons amigos, se eles me honram e me servem com tanto zelo que mereceram o apelido de loucos, e, longe de se envergonharem desse honroso epíteto, fazem dele uma glória e um de seus mais belos títulos?

Ide agora, mortais extravagantes, ide invocar as Medeia, as Circe, as Vênus, as Aurora! Ide buscar em toda parte não sei que fonte imaginária que deva nos rejuvenescer! Somente eu posso dar essa juventude tão desejada, somente eu a ofereço de fato a todos os homens. Somente eu possuo a receita maravilhosa de que se serviu a filha de Mêmnon para prolongar a juventude de Titão[12]. Sou a Vênus que soube restituir tão bem a Fáon os encantos e a força da juventude, que Safo ficou perdidamente apaixonada por ele[13]. Se há ervas mágicas, se há encantamentos, alguma fonte que tenha a virtude de trazer de volta a juventude, ou, o que é bem melhor, de conservá-la sempre, é em mim que devem ser buscados. Portanto, se todos concordais que não há nada tão amável como a juventude, nada tão detestável como a velhice, sabereis certamente o quanto me deveis de obrigações, a mim que sei reter tão grande bem e afastar tão grande mal.

---

12. Eos, a personificação da Aurora, destinada a estar sempre apaixonada, enamorou-se de Titão, príncipe de Troia e irmão de Príamo. Intercedeu junto a Zeus e conseguiu para o amado a imortalidade. (N.E.)

13. Safo foi uma poetisa da época de ouro da lírica grega. Nasceu cerca de 625 a.C., na ilha de Lesbos, e morreu em 580 a.C. A verdade confunde-se com a mitologia e, na cultura helênica, diz-se que Safo se apaixonou pelo jovem navegador Fáon e, em desvario amoroso, se jogou ao mar do alto de um precipício. (N.E.)

Mas já falei demais dos mortais. Percorramos juntos a vasta extensão do Olimpo; examinemos todos os deuses, um após os outros, e consentirei que reprovem meu nome como a uma injúria se houver um só, por menos amável e importante que seja, que não deva a meus favores a maior parte de sua glória. Por que essa juventude encantadora que brilha sem cessar no rosto de Baco? Por que essa cabeleira de adolescente que cai tão graciosamente sobre seus ombros? É que esse deus, sempre louco, sempre bêbado, passa a vida em meio aos jogos, danças e festins, e evita o menor contato com Palas[14]. Longe de querer ser visto como sábio, é, ao contrário, pelos jogos e os prazeres da loucura que se pode prestar-lhe um culto que lhe seja agradável; e ele não se ofende com o apelido de louco dado pelo provérbio, apelido que lhe vem de que, estando sentado à porta do templo, os lavradores manchavam-no com frequência de vinho doce e de figos. A antiga comédia não o representou sempre como um louco? "Oh! o deus caricato, diziam os antigos, que não merecia sequer nascer por onde nascem os homens e os deuses!" No entanto, há alguém que não preferisse assemelhar-se a esse deus extravagante e ridículo, ser como ele sempre alegre, sempre jovem, sempre divertido, levando a toda parte a alegria e os prazeres, do que ser como Júpiter, cujo aspecto sombrio e severo faz tremer o céu e a terra? Ou como Pã, que envenena tudo pelos vãos pavores que causa? Ou como Vulcano, sempre coberto de cinzas e carvão, sempre cercado de faíscas, sempre enegrecido pela fumaça de sua forja? Ou mesmo como Palas, que vos olha atravessado e vos faz tremer com sua lança e sua égide assustadora?

Por que Cupido é sempre criança? Por quê? É que, sempre brincalhão e brejeiro, não faz e não diz senão loucuras. Por que vemos a primavera da juventude conservar

---

14. Trata-se de Palas Atena, uma das seis principais deusas do Olimpo e divindade associada à guerra. (N.E.)

sempre os atrativos de Vênus? É que esta é um pouco de minha família. E talvez ela não fosse tão loura se essa cor não lhe viesse de meu pai. Aliás, a acreditar nos poetas e nos escultores seus rivais, o riso brincalhão não reina continuamente em sua face encantadora? Flora, essa deusa voluptuosa que faz nascer tantos prazeres, não foi a divindade que os romanos honraram com mais zelo?

Mas, se quiséssemos acompanhar também, em Homero e nos outros poetas, a vida dos deuses tidos como os mais tristes e os mais severos, os veríamos a todo instante submeter-se ao domínio da loucura. Pois, sem falar das outras façanhas do fulminante Júpiter, conheceis seus namoricos e as peças que ele pregou na terra. E essa Diana tão orgulhosa, que sai a caçar nas florestas, esquecida de seu sexo, e que acaba por arder de amor pelo belo Endimião!... No entanto, eu gostaria que Momo[15] censurasse ainda, como outrora, esses deuses por todas as suas extravagâncias. Mas, encolerizados contra ele, cuja sabedoria vinha sempre importunar seus prazeres, eles acabaram por precipitá-lo do alto dos céus juntamente com a Discórdia. Desde então, ele vagueia por toda a terra, sem que nenhum mortal tenha ainda se dignado a dar-lhe asilo; e ele não tem, sobretudo, esperança alguma de ser admitido nas cortes, pois a *Adulação*, que é uma de minhas seguidoras, é ali soberana, e a Adulação não combina melhor com Momo do que os lobos com os cordeiros.

Desembaraçados agora desse censor importuno, os deuses entregam-se com mais prazer e liberdade a toda espécie de divertimentos frívolos. Quantos equívocos e gracejos não oferece o ridículo Príapo! Que prazer para os deuses ver a todo instante as trapaças e as artimanhas do espertalhão Mercúrio! Até mesmo Vulcano junta-se para diverti-los por suas bufonarias, quando estão à mesa. Ora os faz rir por sua atitude cômica, ora desperta a alegria deles

---

15. Momo: personificação da crítica sarcástica. (N.E.)

e os incita a beber com suas piadas e ditos espirituosos. Sileno, mesmo velho, ainda se diverte em fazer amor e em dançar, com Polifemo e as ninfas, danças burlescas e ridículas. Os Sátiros de pés de cabra adotam mil posturas lascivas que despertam a volúpia. Pã, com suas canções rústicas e grosseiras, faz rir todos os deuses, que preferem sua música à das Musas, sobretudo quando o néctar começa a subir-lhes à cabeça. Ah! se eu dissesse todas as extravagâncias que eles fazem depois da refeição, quando estão completamente bêbados! Em verdade, por mais louca que eu seja, não posso às vezes deixar de rir deles... Mas silêncio! Algum deus poderia ouvir-nos e eu me arriscaria à mesma sorte de Momo.

A exemplo de Homero, que vai sucessivamente da terra aos céus e dos céus à terra, deixo porém o Olimpo, para voltar uma vez mais entre os homens. Não, não há na terra nem alegria, nem felicidade, nem prazer que não venha de mim. Vede, primeiramente, com que previdência a natureza, essa terna mãe do gênero humano, teve o cuidado de semear em toda parte o condimento da loucura! Pois, segundo os estoicos, ser sábio é tomar a razão como guia; ser louco é deixar-se levar ao sabor das paixões. Ora, Júpiter, para suavizar um pouco as agruras e os desgostos da vida, não deu aos homens mais paixões do que razão? A proporção de umas à outra é como a de um grão a uma dracma[16]. E essa razão, ele a relegou a um pequeno canto da cabeça, enquanto entregou o resto do corpo às agitações contínuas das paixões. Depois, ele ainda opôs a essa pobre razão, completamente sozinha, dois tiranos muito impetuosos e violentos: a cólera, que reina na parte superior, e portanto no coração, que é a fonte da vida, e a concupiscência, cujo império estende-se até o púbis. A

---

16. Dracma: antiga medida de peso, correspondente a um oitavo de onça (ou seja, cerca de 28 gramas). (N.E.)

conduta dos homens mostra bem, diariamente, o que pode a razão contra esses dois poderosos inimigos. Ela prescreve as leis da honestidade, grita até ficar rouca para que sejam observadas; é tudo o que pode fazer. Seus inimigos zombam dessa pretensa rainha, insultam-na e berram mais alto, até que enfim, cansada da resistência inútil, ela se entrega e consente tudo o que eles querem.

Mas como o homem, destinado aos afazeres, não tivesse mais que um pingo de razão para se conduzir, Júpiter, não sabendo o que fazer, me chamou, como de costume, para me consultar. Dei-lhe então um conselho digno de mim. "Faça uma mulher, eu disse, e a dê ao homem como companheira. É verdade que a mulher é um animal extravagante e frívolo; mas é também divertida e agradável. Vivendo com o homem, ela saberá, com suas loucuras, temperar-lhe e suavizar-lhe o humor tristonho e rabugento."

Quando Platão parece duvidar se deve colocar a mulher na classe dos animais racionais ou na dos brutos, ele quer apenas nos indicar com isso a extrema loucura desse sexo encantador. Com efeito, se acontece de uma mulher querer passar por sábia, ela não faz senão acrescentar uma loucura à que já possuía; pois, quando se recebeu da natureza algum pendor vicioso, querer resistir-lhe ou ocultá-lo sob a máscara da virtude é aumentá-lo. *Um macaco é sempre macaco*, diz um provérbio grego, *mesmo quando vestido de púrpura*. Do mesmo modo, uma mulher é sempre mulher, isto é, sempre louca, ainda que se esforce por disfarçá-lo.

Não creio que as mulheres sejam tão loucas a ponto de se zangarem com o que digo aqui. Sou do sexo delas, sou a Loucura; provar que são loucas não é o maior elogio que se pode fazer delas? De fato, considerando bem as coisas, não é a essa Loucura que elas devem agradecer por serem infinitamente mais felizes que os homens? Não é dela que recebem aquelas graças, aqueles atrativos, que elas têm razão de preferir a tudo, e que lhes servem para acorrentar os mais orgulhosos tiranos?

De onde vêm, nos homens, essa aparência repulsiva e selvagem, essa pele áspera, essa floresta de barba e esse ar de velhice que eles têm em todas as idades? Tudo isso vem do maior de todos os vícios, a prudência. As mulheres, ao contrário, têm a face lisa, a voz suave, a pele delicada, tudo nelas oferece a imagem encantadora de uma juventude contínua. Aliás, têm elas outro desejo na vida senão o de agradar os homens? Não é esse o objetivo dos enfeites, das maquiagens, dos banhos, dos penteados, dos perfumes, dos odores, enfim, de todos esses preparados cosméticos que servem para embelezar, pintar ou disfarçar o rosto, os olhos e a pele? Pois bem, não é pela loucura que elas podem atingir esse objetivo tão desejado? E, se os homens toleram tudo nas mulheres, não é unicamente em vista do prazer que delas esperam? E esse prazer, o que é senão a loucura? Estaremos convencidos dessa verdade se atentarmos a todas as futilidades que um homem diz, a todas as loucuras que ele faz com uma mulher, sempre que tem vontade de gozar de seus favores.

Sabeis agora, portanto, qual é a fonte do maior prazer da vida. Mas muita gente, e sobretudo os velhos, preferindo os favores de Baco aos do amor, acha que a soberana volúpia consiste nos prazeres da mesa. Não examinarei aqui se é possível fazer uma boa refeição sem mulheres. O certo é que não haverá nenhuma que seja triste ou insípida, se for alegrada pela loucura. Tanto assim que, se não houver, numa refeição, alguém que seja realmente louco ou que queira fingir sê-lo, paga-se um bufão, ou manda-se vir algum parasita jovial que, com seus gracejos e frases espirituosas, isto é, com suas loucuras, expulse o silêncio e a melancolia e faça rir os comensais. Com efeito, de que serve encher a barriga de carnes e manjares deliciosos, se os olhos e os ouvidos não participam ao mesmo tempo da festa, se o espírito não for alegrado pelos jogos, os risos e os prazeres? Ora, somente eu é que os faço surgir, esses jogos, esses risos e esses prazeres. Todas essas cerimônias alegres e comuns nas refeições, como sortear o rei da festa, cantar e beber em roda, dançar, saltar, dar cambalhotas, quem julgais que as estabeleceu? Os sete sábios da Grécia? Em absoluto. Fui eu que as inventei para a salvação do gênero humano. Quanto mais loucura houver nesse tipo de divertimentos, mais eles prolongam a vida dos homens que, quando é triste, não merece o nome de vida. Ora, ela será sempre triste se esses prazeres não expulsarem o aborrecimento que não cessa de persegui-la.

Há também pessoas que, insensíveis a todos esses prazeres, talvez só encontrem felicidade na conversa mútua dos amigos. A amizade, segundo elas, é o maior de todos os bens; *tão necessária à vida quanto a água, o fogo e o ar*, ela é para o homem o que o sol é para a natureza; enfim, é tão agradável, tão honesta (essa palavra nada significa para mim), que os próprios filósofos a puseram entre os maiores bens. Pois bem, e se eu vos provasse que sou eu ainda que dou nascimento e vida a todas as amizades? Nada mais fácil, posso prová-lo de forma tão clara quanto o dia; mas para isso não empregarei nem dilemas, nem silogismos, nenhum desses raciocínios capciosos de que se servem geralmente nossos lógicos sutis; contentar-me-ei de seguir as luzes do senso comum. Começo, pois.

Fechar os olhos para os desregramentos dos amigos, iludir-se sobre seus defeitos, imitá-los, amar neles os maiores vícios, admirá-los como se fossem virtudes, não é isso o que se chama entregar-se à loucura? O amante que beija amorosamente uma mancha que percebe na pele de sua amante, o outro que cheira voluptuosamente o pólipo de sua Inês, o pai cujo filho é zarolho e que acha seu olhar terno, tudo isso não são puras loucuras? Sim, dizei quanto quiserdes que são loucuras, e loucuras das mais completas; mas admiti, no entanto, que são essas loucuras que formam e mantêm as amizades. Falo aqui apenas dos mortais, que nascem todos com defeitos, o melhor sendo aquele que os tem menos. Quanto aos sábios que se julgam pequenos deuses, a amizade quase nunca os une, ou, se isso às vezes acontece, é uma amizade sempre triste e desagradável, e restrita a um número muito pequeno de pessoas. Quanto a dizer que eles não gostam absolutamente de ninguém, eu teria apenas um escrúpulo: a maioria dos homens são loucos, pode-se mesmo dizer que não há nenhum que não tenha várias espécies de loucuras; ora, é na semelhança que estão fundadas todas as amizades.

Se esses filósofos severos, portanto, ligam-se às vezes entre si por laços mútuos de uma benevolência recíproca, essa união pouco sólida não poderia durar muito tempo entre pessoas sempre tristes e de mau humor, com olhos de lince para perceber os defeitos dos amigos e cegas em relação a si próprias; entre pessoas, enfim, para quem a fábula do alforje[17] parece ter sido feita. De fato, quando se pensa que todos os homens estão condenados pela natureza a ter alguns defeitos essenciais; quando se considera a diferença prodigiosa que a idade, o caráter e as inclinações diversas criam entre eles; quando se reflete sobre todas as fraquezas, erros e acidentes aos quais sua vida mortal está continuamente exposta, como imaginar que a doçura da amizade possa subsistir por uma hora entre pessoas tão mordazes, a menos que a loucura, que podeis chamar complacência, não viesse suavizar a severidade de seu caráter? E afinal, Cupido, o autor e o pai de todas as ligações agradáveis, não é um deus cego? Não toma com frequência a feiura pela beleza? É também por ele que os homens ficam contentes de amar; é por ele que o velho ama sua velha companheira, que o jovem ama sua jovem

---

17. Fábula de Esopo segundo a qual Júpiter deu aos homens um alforje, enchendo sua bolsa dianteira com os defeitos dos outros e pondo os nossos na bolsa traseira. (N.E.)

amante. Eis aí o que se vê em toda parte, e que todos sempre acham ridículo; no entanto, é esse ridículo que forma e estreita os laços de amizade.

O que acabo de dizer da amizade convém ainda melhor ao casamento. Ó céus! quantos divórcios, quantos acontecimentos ainda mais funestos não veríamos diariamente, se a adulação, os jogos, a complacência, a dissimulação e os ardis, todos eles membros de meu séquito, não sustentassem e não mantivessem constante a união do homem e da mulher! Ah! como veríamos poucos casamentos se efetuarem, se o futuro tivesse sempre a prudência de informar-se cuidadosamente de todos os pequenos casos que a jovem Inês, aparentemente tão modesta e reservada, teve antes das núpcias! E, dos que se efetuaram, em quantos a união se conservaria por muito tempo, se a negligência ou a tolice dos maridos não os cegasse para as aventuras de suas queridas esposas? Tudo isso não é senão loucura, todos concordam; no entanto, é essa loucura que faz que a mulher agrade ao marido, e o marido à mulher; é ela que conserva a paz no lar e que impede os rompimentos e os divórcios. Zombam de um marido, chamam-no corno, cornudo, sei lá os nomes que lhe dão, enquanto o pobre homem seca com seus beijos as lágrimas pérfidas de sua esposa infiel. Mas não é mil vezes melhor entregar-se a esse doce engano do que abandonar-se aos tormentos, às inquietudes devoradoras do ciúme, e semear por toda parte a confusão e a desordem por cenas violentas e trágicas?

Em uma palavra, sem mim, não veríeis na vida nenhuma ligação agradável ou permanente. O monarca logo se tornaria insuportável a seu povo, o mordomo a seu patrão, a criada à sua patroa, o discípulo a seu preceptor, o amigo a seu amigo, o marido à sua mulher, o hospedeiro a seu hóspede, o companheiro a seu companheiro, se eles não se ocupassem a todo instante de acalentar mutuamente as doces ilusões do engano, da adulação, da complacência ou de alguma outra agradável loucura. Não duvido que já estejais maravilhados com tudo o que acabo de dizer; mas ides ouvir bem mais.

Dizei-me, pergunto-vos, pode-se amar alguém quando se odeia a si mesmo? Pode-se viver em bom entendimento com os outros quando não se está de acordo com o próprio coração? Pode-se oferecer algo de bom à sociedade quando se está aborrecido e fatigado com a própria existência? Seria preciso ser mais louco que a Loucura mesma para responder afirmativamente a essas perguntas. Ora, se for excluído da sociedade, o homem, longe de poder suportar os outros, não poderá suportar a si próprio; desgostoso com tudo o que tiver alguma relação consigo, logo se tornará a seus próprios olhos um objeto de ódio, de aversão e de horror. Pois a natureza, geralmente mais madrasta que mãe, deu a todos os homens, e sobretudo aos que têm alguma sabedoria, um mau pendor que os leva a desdenhar o que possuem para admirar o que não possuem, pendor funesto que acaba corroendo e destruindo inteiramente todas as vantagens, todos os prazeres, todo os encantos da vida. De que servirá a beleza, o presente mais precioso que os Imortais podem dar aos homens, se quem a possui não gosta de si mesmo? Quais serão as vantagens da juventude, se é infectada pelo negro veneno da melancolia? Enfim, haverá na vida alguma ação pública ou particular que possais fazer com gosto e no momento oportuno (pois o momento oportuno não é apenas o grande princípio das artes, é também o de todas as ações da vida) sem o auxílio do Amor-próprio que vedes aqui à minha direita, e que, pelo zelo que mostra em toda parte por meus interesses, merece bem toda a ternura que sinto por ele?

Que há de mais louco do que se comprazer em tudo o que se faz, e admirar-se a si mesmo? Reconhecei, no entanto, que é a essa loucura que deveis o que alguma vez fizestes de belo e de agradável. Sim, sem o amor-próprio, não há mais satisfação, nem graça, nem conveniência em vossas ações. Uma vez destruído esse doce encanto da vida, não haverá mais brilho na ação do orador, nem agrado nos sons do músico, nem graça nos gestos do comediante, zombarão do poeta e de suas Musas, desprezarão o pintor e sua arte, e o médico morrerá de fome e de miséria em meio a seus remédios. Enfim, um Nereu passará por um Tersítes, um Fáon por um Nestor[18], um homem de espírito será visto como um tolo, um homem de mérito como uma criança, e o cavaleiro mais polido como um boçal, a tal ponto é necessário que cada um se afague a si mesmo e obtenha, por assim dizer, o próprio sufrágio, antes de pleitear o dos outros.

Estar contente com o que se é, com o que se tem, não é a maior parte da felicidade? Pois bem, é meu caro Amor-próprio que vos proporciona essa vantagem; ele é que faz cada um ficar contente com seu rosto, seu espírito, sua origem, sua condição, seus costumes, sua pátria; é por ele que o irlandês julga-se mais feliz que o italiano, o trácio que o ateniense, o cita que um habitante das Ilhas Afortunadas. Admirável efeito dos cuidados previdentes da natureza, que, apesar da diversidade infinita dos dons que distribui aos mortais, mantém sempre num justo equilíbrio os bens que oferece a cada um! Se ela recusa a um deles alguns desses dons, concede-lhe em troca um pouco mais de amor-próprio. Mas como sou louca em dizer que ela então recusa-lhe alguma coisa! O amor-próprio não era o presente mais precioso que ela podia dar?

Mas irei vos provar também que não há belas ações das quais eu não seja o motivo, não há ciência nem arte um pouco recomendável que não me deva sua existência. A guerra, por

---

18. Nereu era o mais belo dos gregos no cerco a Troia, e Tersítes o mais feio. Fáon simboliza a juventude, e Nestor, a velhice. (N.T.)

exemplo, não é a origem de todas as ações que os homens admiram? Não é ela que prepara os campos gloriosos onde os heróis vão colher seus louros? Ora, há algo mais insano do que se envolver em querelas que surgem com frequência não se sabe por quê, e que sempre são mais prejudiciais do que úteis aos dois partidos em disputa? Pois são incontáveis os que morrem inutilmente na guerra. Quando dois exércitos estão frente a frente e o som agudo das trombetas eleva-se nos ares, de que serviriam filósofos que, esgotados pelo estudo, arrastam com dificuldade uma vida triste e frouxa? O que se requer então é gente forte e robusta, com tanto mais coragem quanto menos bom-senso. A menos que queiram soldados como Demóstenes, que, seguindo o conselho de Arquíloco, assim que avistou o inimigo, abandonou seu escudo e fugiu, provando assim que sua eloquência na tribuna era comparável à sua covardia na guerra.

Talvez me direis: "A prudência é necessária na guerra". Concordo, ela é necessária aos chefes; ainda assim, é de uma prudência militar que eles carecem, não de uma prudência filosófica. Mas, para todo o resto do exército, ela é inútil. É aos parasitas, aos infames, aos ladrões, aos assassinos, aos camponeses, aos indigentes, em suma, a tudo o que chamam a escória do povo, que cabe colher os louros da vitória, louros que de modo nenhum são feitos para os filósofos.

Se quiserdes vos convencer de quanto esses pobres filósofos são ineptos a todos os afazeres deste mundo, pensai em Sócrates, esse filósofo que o oráculo de Delfos chamou tão estupidamente o mais sábio de todos os homens. Obrigado um dia a tratar de não sei qual assunto público, saiu-se tão mal que todos zombaram dele. É preciso admitir, porém, que ele tinha às vezes ideias que não eram tão tolas; por exemplo, quando recusou o título de sábio, dizendo que este pertencia apenas à divindade, ou quando disse que o filósofo não devia se ocupar do governo. Teria feito melhor, no entanto, se tivesse ensinado que, para ser homem, é preciso renunciar absolutamente à sabedoria. E qual foi a causa das acusações que fizeram contra ele, e do julgamento que o condenou a beber cicuta? Não foi a sabedoria? Essa desgraça não teria lhe acontecido se, em vez de medir a pata de uma pulga e de extasiar-se com o zumbido de uma mosca, tivesse cuidado do que é necessário ao comércio ordinário da vida. Mas vejo Platão, o célebre discípulo de Sócrates, temendo pela vida do mestre, dispor-se a defender sua causa. Excelente advogado, que se perturba com o ruído da assembleia antes de poder pronunciar a metade do primeiro período! Não aconteceu quase o mesmo com Teofrasto, quando, querendo um dia pronunciar um discurso em público, ficou tão confuso que não pôde proferir uma só palavra? Podia um homem assim inspirar coragem aos soldados no auge da batalha? Isócrates era tão tímido que nunca ousou abrir a boca em público. E o próprio Cícero, o pai da eloquência romana, tinha um ar canhestro, tremia e gaguejava como uma criança, ao começar o exórdio de seus discursos. É verdade que Fábio vê essa timidez como a marca de um orador prudente que conhece o perigo. Mas falar assim não é admitir abertamente que a sabedoria sempre impede de agir bem? Como ficariam desconcertados todos esses grandes homens à visão do inimigo, eles que tinham a maior frieza quando se tratava apenas de combater com a língua!

Apesar disso, Deus sabe o quanto enaltecem esta famosa sentença de Platão: *Felizes os Estados, se os filósofos fossem soberanos, ou se os soberanos fossem filósofos!* Mas consultai os historiadores e vereis que nunca houve príncipes mais funestos aos Estados que os que encontraram prazer em estudar a filosofia ou as belas-letras. Não seria suficiente prová-lo com o exemplo dos dois Catões? Um perturba a tranquilidade da República por delações inúteis; o outro, querendo defender com muita sabedoria a liberdade do povo romano, a destrói de cima a baixo. Acrescentai a isso os Brutos, os Cássios, os Gracos e o próprio Cícero, que fez tanto mal à república romana quanto Demóstenes à dos atenienses. Admitirei, se quiserdes, que Antonino era um bom imperador, embora eu pudesse perfeitamente não concordar, pois o título de filósofo o tornou insuportável e odioso aos cidadãos. Mas, supondo que seu reinado tenha proporcionado algumas vantagens, podem estas ser comparadas aos males que ele causou, ao deixar como sucessor um filho cujo reinado foi tão funesto? Todos os que se dedicam à filosofia e que geralmente têm tanto azar em todas as questões da vida, fracassam sobretudo na formação de seus semelhantes. O que se deve, creio eu, a uma sábia precaução da natureza, que quer impedir essa infortunada sabedoria de fazer demasiados progressos entre os homens. Sabe-se que Cícero teve um filho degenerado, e, como alguém observou muito bem, os filhos de Sócrates pareciam-se mais à sua mãe que a seu pai, isto é, eram loucos.

Os filósofos seriam ainda tolerados por ser, nos empregos e nos cargos públicos, como *asnos ante uma lira*, se pelo menos fossem bons em alguma coisa no comércio da vida privada. Mas colocai um filósofo num banquete, seu silêncio melancólico e suas perguntas deslocadas perturbarão a todo instante a alegria dos convivas; fazei-o dançar, vereis a graça e a leveza de um camelo; arrastai-o contra sua vontade ao espetáculo, sua simples presença afugentará os prazeres, e o sábio Catão será forçado a sair do teatro se não puder abandonar por algum tempo seu ar grave e severo. Fazei-o entrar num círculo onde a conversa é animada, sua presença fará brotar de imediato o silêncio. É o caso de comprar alguma coisa, de negociar com alguém ou de fazer algumas das coisas indispensáveis no comércio cotidiano da vida? Nosso pobre filósofo não vos parecerá um homem, mas um ser tão estúpido como uma porta. Enfim, ele é tão inepto aos afazeres da vida, está tão distante das opiniões e dos costumes ordinários que não pode ser de nenhuma utilidade nem a si mesmo, nem à pátria, nem aos familiares. Costumes e sentimentos tão extraordinários devem necessariamente atrair-lhe um ódio universal. Pois há alguma coisa no mundo que não traga a marca da Loucura, que não seja feito por loucos e para loucos? Se alguém quiser opor-se sozinho a essa loucura universal, aconselho-o a imitar o exemplo de Tímon, o Misântropo, e a enfurnar-se numa solidão profunda para ali desfrutar, sozinho, sua cara sabedoria.

Mas, para voltar ao que eu dizia no início, que força pôde obrigar os homens, naturalmente duros, selvagens e rústicos, a reunirem-se em cidades para ali viverem em sociedade? Foi a adulação. A lira de Anfíon e de Orfeu não significa outra coisa. Quando o povo de Roma, revoltado contra o Senado, estava prestes a partir para a violência, como se conseguiu reconduzi-lo à paz e à concórdia? Foi por meio de um discurso filosófico? Em absoluto. Bastou para tanto a fábula ridícula e pueril dos membros e do estômago. E Temístocles, com a fábula da raposa e do ouriço, tão ridícula quanto a primeira, produziu um efeito mais ou menos semelhante. Qual o sábio que, com toda a sua eloquência, poderia jamais fazer o que fez Sertório com sua fábula da corça e o apólogo ridículo das caudas de cavalo? o que fez Licurgo com seus dois cachorros? Nem falo de Minos e de Numa, que, pelas fábulas que inventaram, acabaram ambos por governar a populaça insensata. É mediante tais insignificâncias que se pode mover esse enorme e poderoso animal chamado povo.

Aliás, qual a cidade que alguma vez consentiu acolher as leis de Platão ou de Aristóteles, ou seguir as máximas de Sócrates? Quem jamais teria podido persuadir os Décios, pai e filho, a sacrificarem-se por sua pátria, Cúrcio a precipitar-se num abismo[19], a não ser a vanglória, essa

---

19. Personagem lendário da Roma antiga. Conta-se que, tendo um terremoto aberto um abismo no lugar onde se achava o Fórum, os áugures disseram que este só se fecharia com o tesouro mais precioso de Roma. Convencido de que o povo nada possuía de mais precioso que suas armas e sua coragem, Cúrcio lançou-se no abismo com suas armas e seu cavalo. (N.T.)

sereia enfeitiçadora que desagrada tão soberanamente aos sábios? "Que há de mais extravagante, dizem eles, do que adular covardemente o povo para ser benquisto, comprar seus favores por liberalidades, buscar com ardor o aplauso de tantos loucos, embriagar-se com tantas aclamações tumultuosas, deixar-se levar em triunfo como as imagens dos deuses ou fazer-se elevar como estátua em meio ao mercado para ser visto pela populaça? Esses nomes, sobrenomes, todas essas honrarias divinas prestadas à gente que não merece sequer o nome de homens, todas essas apoteoses públicas em favor dos tiranos mais odiosos, todas essas coisas, dizem os filósofos, não são loucuras ridículas que deveriam ser sempre desprezadas?" Pois bem, senhores, quem vos diz o contrário? No entanto, foi por amor a essas loucuras que os maiores heróis fizeram ações brilhantes que os poetas e os oradores elevaram até os céus. É essa loucura que ergue as cidades, ela é que sustenta os impérios, as leis, a religião, os conselhos, os tribunais; em uma palavra, é essa loucura a base e o fundamento da vida humana, e que governa o universo a seu capricho.

Mas, para dizer também alguma coisa das ciências e das artes, não foi a sede de glória que estimulou os homens a inventar e a transmitir à posteridade todas essas artes, todas essas ciências que veem como algo tão maravilhoso? Mais loucos que todos os outros loucos juntos, os inventores das ciências e das artes sonharam com não sei que reputação, que no entanto é a coisa mais quimérica do mundo, para recompensá-los de seus trabalhos e vigílias. Enfim, é à loucura que deveis as principais satisfações da vida, e tendes assim o prazer bem doce de usufruir até mesmo da loucura dos outros.

Depois de ter louvado meu poder e meu engenho, que diríeis se me ocorresse fazer também o elogio de minha prudência? "Provar que a prudência pode aliar-se com a loucura, dir-me-eis, é provar que a água pode misturar-se com o fogo." Espero no entanto poder prová-lo, se consentis escutar-me tão atentamente como o fizestes até agora. Em primeiro lugar, se a prudência consiste na experiência, quem merece mais o título de prudente: o sábio que o temor ou a vergonha impedem de empreender alguma coisa, ou o louco que, não tendo vergonha e jamais vendo o perigo, empreende ousadamente tudo o que lhe passa pela cabeça? O sábio, com o nariz sempre colado nos livros dos antigos, aprende apenas palavras sutilmente combinadas; o louco, ao contrário, exposto constantemente a todos os caprichos da fortuna, aprende em meio aos revezes, penso eu, a conhecer a verdadeira prudência. Homero, por mais cego que fosse, percebeu isso muito bem quando disse: *O louco aprende a ser sábio à sua própria custa*. Pois há duas coisas, sobretudo, que impedem o homem de chegar a conhecer bem as coisas: a vergonha, que ofusca sua alma, e o temor, que lhe mostra o perigo e o desvia de empreender grandes ações. Ora, a loucura nos livra maravilhosamente dessas duas coisas. Poucos percebem a quantidade de outras vantagens que obtêm os que renunciam para sempre à vergonha e ao temor. Há talvez os que prefiram a prudência que consiste em fazer uma ideia justa das coisas; mas escutai-me, por favor. Vereis o quanto as pessoas estão afastadas dessa virtude, mesmo quando creem possuí-la por inteiro.

Primeiramente, é claro que todas as coisas têm, como os silenos de Alcibíades, duas faces completamente diferentes. Vemos primeiro o exterior das coisas; mas virai a medalha: o branco se tornará negro, o negro vos parecerá branco; vereis a feiura no lugar da beleza, a miséria no lugar da opulência, a glória no lugar da infâmia, a ignorância no lugar da ciência; tomareis a fraqueza pela força, a baixeza pela grandeza de alma, a tristeza pela alegria, a desgraça pelo favor, o ódio pela amizade; enfim, vereis todas as coisas mudar a todo instante, conforme o lado que vos agradar considerá-las.

Direis, talvez, que me explico aqui de uma maneira demasiado filosófica; pois bem, vou falar mais claramente.

Quem é que não vê um rei como um mortal muito rico e muito poderoso? Mas, se sua alma não é ornada de nenhuma qualidade estimável, se não está satisfeito com o que possui, não é ele, de fato, muito pobre? Se sua alma está submetida ao domínio de várias paixões viciosas, não é ele o mais vil de todos os escravos? Pode-se raciocinar do mesmo modo sobre todas as outras coisas do mundo, mas esse exemplo basta. "A que conduzem todos esses raciocínios?", perguntareis, talvez. É o que já vereis. Se alguém, disposto a arrancar a máscara dos atores no momento em que desempenham seus papéis, mostrasse aos espectadores seus rostos mortais, não perturbaria ele a cena, não mereceria ser expulso do teatro como um extravagante? No entanto, tudo logo mudaria de feição: a mulher viraria um homem, o jovem viraria um velho. Os reis, os heróis, os deuses imediatamente desapareceriam, ver-se-iam em seus lugares apenas miseráveis e velhacos. Destruindo a ilusão, far-se-ia desaparecer todo o interesse da peça. É essa mascarada, esse disfarce que prende os olhos do espectador. Ora, o que é a vida? É uma espécie de comédia contínua em que os homens, disfarçados de mil maneiras diferentes, aparecem em cena, desempenham seus papéis, até que o diretor, depois de tê-los feito mudar de disfarce e aparecer ora sob a púrpura soberba dos reis, ora sob os andrajos repulsivos da escravidão e da miséria, força-os finalmente a sair do palco. Em verdade, este mundo não é senão uma sombra passageira, mas assim é a comédia que nele representamos todos os dias.

Se um sábio caído do céu aparecesse de repente no meio de nós e exclamasse: "Aquele que vós todos considerais como vosso deus e vosso senhor não merece sequer o nome de homem, ele não está acima da classe dos animais, pois deixa-se conduzir como eles ao sabor de suas paixões brutais; ele é o mais vil dos escravos, pois submete-se voluntariamente a tantos mestres desprezíveis"; se ele dissesse a um homem que chora a morte de seu pai: "Alegra-te! teu pai começou a viver, pois a vida deste mundo não é senão uma espécie de morte"; se ele dissesse a um nobre orgulhoso de seus títulos: "Não passas de um plebeu e de um bastardo, pois não tens a virtude, sem a qual não há verdadeira nobreza"; enfim, se ele falasse dessa maneira de todas as coisas da vida, dizei-me, peço-vos, o que ele ganharia com todos os seus belos discursos? Ele seria visto em toda parte como um furioso e um extravagante. É tão imprudente ter uma prudência perniciosa quanto é insano ter uma sabedoria deslocada. Ora, não há prudência mais perniciosa que a que não sabe adaptar-se aos tempos e às circunstâncias, e que gostaria que a comédia não fosse uma comédia. *Bebam, ou vão embora!* diziam outrora os gregos a seus convivas; e eles tinham razão. A verdadeira prudência consiste, já que somos humanos, em não querer ser mais sábios do que nossa natureza o permite. É preciso ou suportar com boa vontade as loucuras da multidão, ou deixar-se levar com ela pela torrente dos erros. "Mas, direis, é loucura conduzir-se assim." Concordo, contanto que concordeis também que isso é realmente o que se chama representar a comédia da vida.

Ó céus! direi ou não direi o que me resta a dizer? Mas por que calar-me, se nada é mais verdadeiro? Talvez fosse oportuno, num assunto dessa importância, chamar em meu auxílio as Musas divinas que os poetas invocam tão frequentemente por ninharias. Descei, pois, por um momento do Hélicon, poderosas filhas de Júpiter! Inspirai-me: vou provar que nenhum mortal poderia chegar ao Templo da Sabedoria, a esse templo sagrado e maravilhoso que é visto como o abrigo impenetrável da felicidade, a menos que a Loucura se encarregue de conduzi-lo até lá.

Em primeiro lugar, é claro que todas as paixões desregradas são produzidas pela loucura. Pois toda a diferença entre um louco e um sábio é que o primeiro obedece a suas paixões e o segundo à sua razão. Eis por que os estoicos proibiram ao sábio as paixões como se fossem doenças. No entanto, são essas paixões que servem de guia aos que seguem com ardor o caminho da sabedoria; são elas que os estimulam a cumprir os deveres da virtude, inspirando-lhes o pensamento e o desejo de fazer o bem. Em vão disse Sêneca, esse estoico arrebatado, que o sábio deve ser absolutamente sem paixões. Um sábio dessa espécie não seria mais um homem, seria uma espécie de deus, ou melhor, um ser imaginário que jamais existiu e jamais existirá; ou enfim, para falar mais claramente, seria um ídolo estúpido, desprovido de todo sentimento humano e tão insensível quanto o mármore mais duro. Que os estoicos se deliciem quanto quiserem com seu sábio imaginário, que o amem à vontade: eles não terão rivais a temer; mas que vão morar com ele na república de Platão, no reino das Ideias ou nos jardins de Tântalo!

Como não abominar como um monstro terrível, como não evitar como um espectro medonho um homem dessa espécie, se é possível que alguma vez tenha existido? Surdo à voz da natureza, os sentimentos de ternura, piedade e beneficência não impressionam mais seu coração, como se ele fosse feito da rocha mais dura. Nada lhe escapa, nada o engana; a visão de um lince não é tão penetrante quanto a sua; ele examina, pesa tudo com o maior rigor. Sem indulgência pelos semelhantes, só está contente consigo mesmo. Acredita-se o único rico, o único saudável, o único livre; acredita, enfim, que possui tudo o que se pode possuir no mundo, mas é o único que pensa assim. Sem se preocupar em ter amigos, ele próprio não é o amigo de ninguém.

Ousa desprezar os próprios deuses, e tudo o que se faz no mundo é objeto contínuo de suas críticas e zombarias. Tal é o animal que os estoicos veem como um modelo de perfeição e de sabedoria. Dizei-me, peço-vos, qual o povo que gostaria de eleger um homem assim como seu magistrado? Qual o exército que gostaria de tê-lo como chefe? Haverá um homem que queira admiti-lo à sua mesa, uma mulher que queira esposá-lo, um criado que queira servi-lo? Ou, se houver eventualmente algum, isso não lhes será logo pesado e insuportável? Não seria mil vezes melhor um desses amáveis loucos, tão comuns no mundo, que, por essa qualidade, são muito mais capazes de comandar e de obedecer a loucos? Um desses loucos complacentes com suas mulheres, agradáveis a seus amigos, alegres numa refeição, amáveis em sociedade, indulgentes para com todo o mundo? Um desses loucos, enfim, que se vangloriam de participar de tudo o que tem alguma relação com a humanidade? Mas estou chateada de estender-me por tanto tempo a falar desse pretenso sábio. Continuemos a examinar as vantagens que ofereço aos homens.

    Se alguém, do alto de uma torre elevada, se divertisse em observar o gênero humano, como os poetas dizem que Júpiter o faz de vez em quando, que quantidade de males ele não veria atacar de todos os lados a vida dos pobres mortais! Um nascimento imundo e sórdido, uma educação penosa e dolorosa, uma infância exposta ao arbítrio de tudo o que a cerca, uma juventude submetida a tantos estudos e trabalhos, uma velhice sujeita a tantos sofrimentos insuportáveis, e enfim a triste e dura necessidade de morrer. Juntai a isso a quantidade inumerável de doenças que nos assediam constantemente no curso dessa vida infeliz, os acidentes que não cessam de nos ameaçar, a invalidez que de repente nos oprime, o fel amargo que envenena sempre nossos instantes mais doces. Sem falar ainda de todos os males que o homem causa a seu semelhante, como a pobreza, a prisão, a infâmia, a vergonha, os tormentos, as emboscadas, as traições, os processos, os ultrajes, as patifarias... Mas como contá-los? São em tão grande número como os grãos de areia à beira do mar. Que crimes fizeram o homem merecer todos esses males? Que deus irritado pode tê-los forçado a viver nesse abismo de misérias? Eu vos diria claramente o que penso disso, mas não me é permitido fazê-lo neste momento. O certo é que um homem que refletisse a sério sobre todas essas coisas poderia ser muito tentado a aprovar o exemplo das jovens de Mileto, por mais deplorável que pareça.

E quem são aqueles que o desgosto da vida levou a se matar? Não são sobretudo pessoas devotadas à sabedoria? Sem falar aqui dos Diógenes, dos Xenócrates, dos Catões, dos Cássios e dos Brutos, Quíron, que podia gozar da imortalidade, não preferiu a morte? Vede portanto o que aconteceria se a sabedoria se apoderasse de todos os homens. Logo a terra estaria deserta e seria preciso um novo Prometeu para formar um novo homem. Mas eu sei suavizar esses males de mil maneiras diferentes. Ora distribuo aos mortais a ignorância e o desatino; ora envio-lhes a doce esperança de uma sorte mais feliz, ou semeio sob seus passos as rosas efêmeras da amável volúpia. Encantados com meus benefícios, eles deixam com pesar a vida, mesmo quando, não tendo mais a Parca com que tecer, a própria vida parece abandoná-los; e, longe de sentirem a menor aversão por essa vida, eles conservam por ela um apego que aumenta com as razões que deveriam fazê-los deixá-la.

É graças aos meus benefícios que se veem em toda parte tantos velhos, oprimidos pelo peso dos anos e quase desprovidos da figura humana, ainda tão fortemente ligados à vida. Eles balbuciam, dizem disparates, não têm mais dentes na boca, veem-se apenas alguns fios de cabelos brancos em sua cabeça calva; apesar disso, amam tanto a vida que fazem o que podem para passar por jovens. Um tinge seus cabelos brancos, o outro esconde a careca sob uma cabeleira estranha; este faz encaixar em sua mandíbula desguarnecida os dentes de um animal que se lhe assemelha, este morre de amor por uma rapariga e faz por ela mais extravagâncias que o jovem mais inexperiente e mais louco. Quanto a esses velhos encurvados que, à beira do túmulo, esposam sem dote uma jovem que será a mulher dos outros, é algo tão comum atualmente que se faz disso, por assim dizer, uma glória.

Mas o que é bem mais divertido ainda é ver essas mulheres decrépitas que a velhice parece há muito ter suprimido da multidão dos vivos, esses cadáveres ambulantes, essas carcaças infectas que exalam por toda parte um odor sepulcral, e que no entanto exclamam a toda hora: *Nada é tão doce como a vida!* Com o coração repleto de desejos lúbricos, elas só pensam nos meios de saciar o furor uterino que ainda as possui; buscam por toda parte um novo Fáon que, por dinheiro, se esforce por apaziguar o fogo que as devora. Sempre ocupadas em enfeitar-se, cobrem o rosto de maquiagem, passam uma parte do dia à frente do espelho, e buscam disfarçar por todos os meios os ultrajes secretos que os anos fizeram à natureza. Ora exibem os seios flácidos e repugnantes, ora tentam despertar o vigor dos amantes pelos ganidos de uma voz trêmula e vacilante. Bebem, dançam com as moças e, como estas, escrevem bilhetes doces a seus amantes.

Todo o mundo zomba dessas extravagâncias, e aqueles que as cometem são vistos como loucos, como de fato o são. Mas eles pouco se importam. Satisfeitos consigo mesmos, nadam num mar de delícias, saboreiam em grandes goles os amáveis prazeres; em suma, gozam da felicidade que lhes ofereço. Os que acham tudo isso ridículo que me digam se não é preferível passar assim a vida numa loucura deliciosa, do que pensar a todo instante em enforcar-se! É verdade que todos esses loucos são desonrados aos olhos do público; mas que lhes importa? A desonra é um desses males que eles não sentem, ou, se o sentem às vezes, conseguem logo expulsar seu sentimento desagradável. Uma pedra cair sobre a cabeça, eis o que se chama um mal! Mas a vergonha, a infâmia, a desonra, as injúrias só prejudicam os que as admitem. Um mal não é um mal para quem não o sente. Todo o povo te vaia; que te importa, se tu mesmo te aplaudes? Ora, é somente a Loucura que faz aplaudir-se a si mesmo.

Ouço já os filósofos protestarem: "É uma infelicidade ser louco, viver no erro e na ignorância". – Mas isso é ser homem, meus amigos! Pois, em verdade, não vejo por que chamaríeis infeliz um ser que vive de acordo com seu nascimento, sua educação, sua natureza. Não é esse o destino de tudo o que existe? O que permanece em seu estado natural não poderia ser infeliz; caso contrário, poder-se-ia dizer que o homem deve queixar-se de não voar como as aves, de não andar com quatro patas como os quadrúpedes, de não ter a cabeça armada de chifres como os touros. Do mesmo modo, poder-se-ia dizer que um belo cavalo é infeliz por não saber gramática, por não comer pastéis, e que o destino de um touro é deplorável porque ele não pode aprender nenhum dos exercícios da Academia. Ora, o homem não é mais infeliz por ser louco do que o cavalo por não saber gramática, pois a loucura está ligada à sua natureza. Mas eis que meus sutis raciocinadores me fazem uma nova objeção. "Os deuses, dizem eles, deram somente ao homem o conhecimento das ciências e das artes, a fim de que ele possa suprir por seu espírito o que a natureza lhe recusou." – Mas dizei-me, peço-vos, é plausível que a natureza, essa mãe carinhosa que fornece com tanta previdência aos insetos, às plantas e às flores todo o necessário, tivesse esquecido de dar ao homem as ciências e as artes, se as tivesse julgado necessárias à sua felicidade? É que as ciências e as artes não vêm de modo nenhum da natureza. Foi Teuto, gênio inimigo do gênero humano, que as inventou para arruiná-lo. Portanto, longe de lhe serem de alguma utilidade, elas foram inventadas, ao contrário, apenas para prejudicá-lo, como mostra muito bem aquele rei, mencionado por Platão, que condenou a invenção do alfabeto.

Assim, foi junto com as outras pragas da vida humana que as ciências se introduziram no mundo; elas devem sua origem aos que inventaram todos os crimes e desordens, isto é, aos demônios, gênios infelizes que tiram seu nome dessas ciências funestas.

Os bons homens da idade de ouro não conheciam de modo algum essas ciências vãs e perniciosas; dóceis aos impulsos da natureza, seguiam cegamente os movimentos de seu instinto. Para que lhes teria servido a gramática, se todos tinham uma mesma linguagem e falavam apenas para se fazer entender? Que necessidade tinham de dialética, se opiniões contrárias nunca excitavam vãs disputas entre eles? Que utilidade teria a retórica para pessoas que não conheciam processos judiciais? Como teriam pensado em fazer leis sábias e prudentes para punir os crimes ou reprimir os vícios, eles cujos costumes eram sempre puros e inocentes? Cheios de respeito pelos deuses, não tinham essa curiosidade sacrílega que busca penetrar os segredos da natureza, conhecer as distâncias, as revoluções e as influências dos astros, descobrir as causas ocultas de todas as coisas. Estavam convencidos de que os frágeis mortais não podem impunemente transpor os limites que a natureza prescreveu à sua inteligência. Quanto ao desejo de conhecer o que existe para além do céu, é uma extravagância que nunca lhes passou pela cabeça.

Tendo se corrompido aos poucos a inocência e a pureza da idade de ouro, os gênios malfazejos inventaram, como eu já disse, as ciências e as artes. Inicialmente elas eram poucas, e pouca gente as cultivava. Mas logo a superstição dos caldeus e a leviandade ociosa dos gregos inventaram um número incontável delas, que se tornaram outros tantos suplícios para os espíritos. Pois só a gramática, que é uma das menores, é suficiente para atormentar um homem durante toda a sua vida.

Mesmo assim, entre todas essas ciências, as mais úteis são as que mais se relacionam com o senso comum, isto é, com a loucura. Os teólogos morrem de fome, os físicos definham, zomba-se dos astrólogos, os dialéticos são desprezados. O médico, sozinho, vale mais que toda essa gente.

Apesar da dificuldade de sua arte, quanto mais ele é ignorante, leviano, descarado, mais fácil lhe é ganhar a confiança do público e mesmo a dos príncipes mais influentes. Aliás, a medicina, como é praticada hoje pela maior parte dos médicos, não é senão uma espécie de adulação e, sob esse aspecto, pode-se dizer que ela se assemelha bastante à retórica.

Depois dos médicos, os homens da lei vêm em segundo lugar; não sei mesmo se, em boa justiça, não poderiam exigir o primeiro. Seja como for, todos os filósofos (pois eu não gostaria de dizer isso por mim mesma) concordam em ridicularizá-los e em considerá-los como burros. São esses burros, no entanto, que regulam como lhes convém as grandes e as pequenas questões deste mundo. Esses ignorantes aumentam seus ganhos, enquanto o teólogo, que é instruído de todos os segredos da Divindade, come tristemente um pobre prato de legumes e é obrigado a travar uma guerra contínua contra a vermina que o corrói.

Ora, já que as ciências que mais se aproximam da loucura nos tornam mais felizes que as que dela se afastaram, que felicidade não usufruem então os que, não tendo tido nenhum contato com elas, têm como guia apenas a simples natureza – guia fiel que nunca os abandona enquanto permanecem dentro dos limites prescritos à humanidade? A natureza é inimiga de tudo o que a dissimula e a constrange, e seus produtos mais perfeitos são aqueles que a arte não corrompeu.

De fato, os mais felizes de todos os animais não são aqueles que, vivendo sem regra e sem arte, não conhecem outras leis senão as da natureza? Há algo de mais acertado, de mais admirável que as abelhas? Embora não tenham cinco sentidos como o homem, a arquitetura delas não ultrapassa infinitamente a vossa? Não é sua república mil vezes mais admirável que todas aquelas que vossos filósofos imaginaram? Consideremos agora o cavalo. Ele participa de todas as misérias da humanidade porque seus sentidos têm muita relação com os dos homens, porque ele vive com o homem. Vede-o em meio aos combates; às vezes, temendo a vergonha da derrota, excita-se e fica esbaforido; outras vezes, animado pelo desejo de vitória, avança com ardor e acaba geralmente perfurado de golpes e mordendo a poeira ao lado de seu mestre moribundo. Acrescentai a isso as rédeas que o retêm, as esporas que o diláceram, as estrebarias que lhe servem de prisão, as varas, chibatas, bridas, cilhas, cabrestos que o atormentam e o subjugam constantemente, os trabalhos de toda espécie que o oprimem e o arruínam, e todo tipo de servidões às quais se submeteu voluntariamente quando, a exemplo de muitos príncipes, o desejo de vingança levou-o a cometer uma grande tolice[20]. A vida das moscas e das aves não é mil vezes preferível? Estas vivem felizes, entregando-se maquinalmente aos doces impulsos da natureza, contanto escapem às armadilhas dos homens. Encerrai-as em gaiolas, acostumai-as a repetir palavras de vossas línguas humanas; vereis como em breve perderão sua graça e sua beleza natural! Tanto isso é verdade, em todos os aspectos, que as coisas que devem seus agrados apenas à natureza estão

---

20. Alusão à apologia do cavalo e do cervo, de Horácio. (N.T.)

muito acima daquelas que a arte disfarça sob ornamentos estranhos! Por isso não me canso de louvar o galo de Luciano que, por meio da metempsicose, fora filósofo na pessoa de Pitágoras. Ele havia passado pelas mais diversas condições. Homem, mulher, rei, escravo, peixe, cavalo, rã, até mesmo esponja, creio eu: havia experimentado de tudo. E ele julgou, no final, que o homem é o mais infeliz de todos os animais, porque é o único que não está contente com seu destino e busca sair do círculo no qual a natureza circunscreveu suas faculdades. Ele dizia também que estimava muito mais os estúpidos e os ignorantes do que os instruídos e os grandes gênios, e que Grilo, quando Circe o transformou em porco, foi bem mais esperto que *o astuto Ulisses*, pois preferiu passar a vida a grunhir tranquilamente num estábulo em vez de se expor novamente, com esse herói, a tantas aventuras desagradáveis. Homero, o pai das fábulas, parece não estar muito distante de minha ideia, quando chama todos os homens *miseráveis*, quando dá o epíteto de *infortunado* a Ulisses, que ele nos apresenta como um modelo de sabedoria – epíteto que jamais deu aos Paris, aos Ajax, aos Aquiles, que possuem, todos, a honra de serem loucos. E por que Ulisses era tão infeliz? Porque sua cabeça estava sempre cheia de artimanhas e de artifícios, porque nada fazia sem consultar Palas, e porque, afastando-se o quanto podia das leis da natureza, tinha sabedoria e prudência em excesso.

Sim, quanto mais os homens se entregam à sabedoria, mais se distanciam da felicidade. Mais loucos que os próprios loucos, eles esquecem então que são apenas homens e querem ser vistos como deuses; amontoam, a exemplo dos Titãs, ciências sobre ciências, artes sobre artes, e servem-se delas como outras tantas máquinas para fazer guerra à natureza. Portanto, é aproximando-se o quanto puderem da ignorância e da loucura dos brutos, é jamais empreendendo algo que esteja acima de sua condição e de sua natureza, que os homens verão diminuir sensivelmente as misérias inumeráveis que os atormentam e os oprimem. Vejamos um pouco se, sem empregar os argumentos dos estoicos, não se poderia provar isso por um bom exemplo!

Ó céus! acaso há homens mais felizes na terra que os comumente chamados de loucos, insensatos, bobos e imbecis? Talvez achareis extravagante e ridículo o que digo aqui; no entanto, posso vos assegurar que nada é mais verdadeiro. Em primeiro lugar, eles não temem de modo nenhum a morte, o que, certamente, não é uma pequena vantagem. Não conhecem nem os remorsos devoradores de uma má consciência, nem os vãos terrores que as histórias do inferno inspiram aos outros homens, nem os pavores que os espectros e almas do outro mundo lhes causam. Jamais o temor dos males que os ameaçam, jamais a esperança dos bens que podem obter seria capaz de perturbar por um só instante a tranquilidade da alma deles. Em uma palavra, não são dilacerados pela infinidade de preocupações que assediam continuamente a vida humana. Não conhecem vergonha, nem temor, nem ambição, nem ciúme, nem ternura. E, se são bastante felizes para chegar muito perto da estupidez dos brutos, têm ainda a vantagem, segundo os teólogos, de ser impecáveis.

Ó tu! o mais louco de todos os homens, tu que aspiras à sabedoria, pesa um pouco, peço-te, todas as dificuldades, todas as inquietudes que dilaceram dia e noite tua alma, lança um olhar a todos os espinhos que essa sabedoria semeia em todos os instantes de tua vida, e saberás enfim de que multidão de males preservo meus favoritos! Sempre alegres e contentes, eles não apenas brincam, cantam, riem e divertem-se sem parar, mas também espalham as brincadeiras, os risos e os prazeres sobre todos que os cercam. Dir-se-ia que os deuses só os puseram na terra para alegrar a tristeza da vida humana. É por isso que os homens, que sobre qualquer outra coisa têm sentimentos tão diferentes, estão todos de acordo no que se refere aos loucos. Todos os amam, os afagam, os alimentam, os socorrem em seus infortúnios, e permitem-lhes fazer tudo e dizer tudo impunemente. A natureza está tão longe de prejudicá-los que os animais, mesmo os mais ferozes, como se tivessem um sentimento natural da inocência deles, os respeitam e não lhes fazem mal algum. Há muita razão de honrá-los e de respeitá-los desse modo, pois eles se dedicam aos deuses e sobretudo a mim.

Aliás, os maiores reis sentem tanto prazer em viver com os loucos, que alguns não conseguem comer, nem passear, nem ficar um só instante sem eles. Estimam-nos bem mais do que os filósofos insípidos e mal-humorados que mantêm geralmente por vaidade junto de suas pessoas. Essa preferência, a meu ver, não é nem surpreendente, nem difícil de compreender. Os sábios nunca têm senão coisas tristes e desagradáveis a dizer aos príncipes. Orgulhosos de sua ciência, às vezes ousam mesmo ferir-lhes os delicados ouvidos com verdades duras e mordazes. Os loucos, ao contrário, proporcionam-lhes mil prazeres diversos; a todo instante os distraem, os divertem e os fazem dar gargalhadas.

Mas outra boa qualidade de meus loucos, que seguramente não deve ser desprezada, é que eles são os únicos de todos os homens que são sinceros e verazes. Ora, que há de mais belo do que a verdade? Ainda que Alcibíades diga, em Platão, que a verdade está no vinho e na infância, é a mim somente que cabe essa glória, como diz muito bem Eurípedes nesta bela sentença: *O louco diz loucuras*. Tudo o que o louco tem na alma está escrito em seu rosto, e sua boca o diz sem disfarce; ao passo que o sábio, segundo o mesmo Eurípedes, tem duas línguas, uma para dizer a verdade, a outra para disfarçá-la ou dissimulá-la no momento oportuno. Ele possui a arte de transformar o branco em preto e o preto em branco; sua boca sopra igualmente o frio e o calor, e suas palavras estão com frequência muito afastadas de seus pensamentos.

Apesar de todo o brilho que os cerca, os príncipes me parecem no entanto infelizes por não terem ninguém que lhes diga a verdade, e por serem obrigados a tomar como amigos aduladores que a dissimulam. "Mas, dirão, os príncipes não gostam de ouvir a verdade e por isso evitam a companhia dos sábios, temendo encontrar alguns que ousem tomar a liberdade de lhes dizer coisas verdadeiras em vez de coisas agradáveis." Concordo convosco, os reis não amam a verdade. Mas é uma razão a mais para ficarmos espantados que eles ouçam com prazer, da boca de meus loucos, não apenas verdades, mas até mesmo as injúrias menos equívocas, e que uma maledicência, pela qual mandariam enforcar um filósofo, os divirta na boca de um louco. A verdade, quando não ofende, tem algo de ingênuo que causa prazer; e somente aos loucos os deuses concederam o dom de dizê-la sem ofender. É mais ou menos pela mesma razão que as mulheres, naturalmente tão inclinadas aos prazeres e às ninharias, costumam divertir-se muito com os loucos; e outra vantagem que elas encontram é fazer passar por brincadeiras e infantilidades tudo o que fazem com eles, embora nisso haja com frequência muito de sério. Mas as mulheres são engenhosas, sobretudo quando se trata de colorir suas tolices!

Voltando então à felicidade de meus loucos, depois de terem passado a vida em meio à alegria e aos prazeres, eles deixam este mundo sem temer a morte, sem senti-la, e vão diretamente aos Campos Elísios, onde suas almas afortunadas desfrutam, numa santa ociosidade, os prazeres mais maravilhosos. Dai-me agora o homem mais sábio que podeis imaginar, e comparemo-lo com um de meus loucos. Ele passa a infância e a juventude atormentando-se para aprender mil ciências diversas; perde os mais belos dias nas vigílias, nos trabalhos e nas dificuldades, sem desfrutar o menor prazer em todo o resto de sua vida. Sempre pobre, miserável, triste e de mau humor, pesado para si mesmo, insuportável para os outros, a palidez, a magreza, a velhice e as enfermidades mais variadas vêm oprimi-lo em meio à sua carreira, e ele morre enfim numa idade em que os outros homens começam a viver – embora, para falar a verdade, a hora da morte seja completamente indiferente para quem nunca viveu. Tal é o retrato magnífico desse ilustre sábio.

Mas ouço ainda coaxar as *rãs do Pórtico*. "Nada, dizem os estoicos, é mais deplorável que a demência. Ora, a grande loucura aproxima-se claramente da demência, ou melhor, é a própria demência. O que é um demente? Não é um homem que tem o espírito extraviado?" Raciocinar assim é falar à toa. Tratemos de pulverizar essa objeção, contanto que as Musas não me abandonem. O argumento é dos mais sutis. Mas os dialéticos, que pretendem tanto ter bom-senso, deveriam ao menos lembrar que Sócrates diz claramente, em Platão, que, ao dividir uma Vênus em duas, fazem-se duas Vênus, que, ao dividir um Cupido em dois, fazem-se dois Cupidos; por conseguinte, eles deveriam pensar, também, que pode haver demência e demência. De fato, nem todas as demências são funestas. Sem isso, Horácio não teria dito:

Não estou exposto à amável loucura?

Platão não teria contado entre os maiores bens da vida a loucura dos poetas, dos profetas e dos amantes; a Sibila não teria qualificado de louco o empreendimento do piedoso Eneias[21]. Há, portanto, duas espécies de demência. Existe uma, filha terrível dos Infernos, que as cruéis Fúrias espalham sobre a terra, sempre que lançam suas horríveis serpentes nos corações dos mortais, para ali insuflar os furores da guerra, a sede insaciável do ouro, o amor vergonhoso

---

21. Erasmo deve se referir ao desejo de Eneias, guerreiro troiano que foi obrigado a fugir da cidade após a derrota para os gregos. Antes de fundar Roma, Eneias pergunta a Sibila, que vivia dentro de uma caverna revelando as profecias do Deus Apolo, se era verdade que se podia entrar no reino dos mortos, pois ele queria falar com seu pai, Anquises, mais uma vez. Sibila revela-lhe que é fácil entrar no mundo dos mortos, mas que sair é difícil. Com sua orientação e conselho, entretanto, Eneias consegue rever seu velho pai e voltar ao mundo dos mortais. (N.E.)

e criminoso, o parricídio, o incesto e todos os crimes dessa espécie, ou quando elas próprias atormentam os culpados mortais, agitando com furor, em suas almas criminosas, suas tochas assustadoras. Existe uma outra, bem diferente da primeira, que é destinada a fazer a felicidade de todos os homens, e é a mim que esta deve sua existência. Consiste numa certa ilusão deliciosa que se apodera da alma, fazendo-a esquecer todas as penas, todas as inquietudes, todos os dissabores da vida, e mergulha-a numa torrente de prazeres. É essa doce ilusão que Cícero, numa carta a Ático, vê como um grande presente dos deuses, porque ela tem o poder de nos tirar o sentimento desagradável de um grande número de males. É dessa ilusão que sentia falta um certo grego, quando a arte dos médicos o privou da mais agradável das loucuras. Sentado sozinho no teatro durante dias inteiros, ele ria, aplaudia, como se ouvisse as mais belas comédias do mundo, e no entanto nada ouvia. Aliás, ele cumpria com exatidão todos os deveres da vida social; bom amigo, marido complacente, mestre indulgente, não se enfurecia por causa de um vinho derramado. "Cruéis amigos! ele exclamou, quando os remédios fizeram-no voltar a si. Cruéis amigos! em vez de me fazer o bem, vós me tirais a vida, arrancando-me de meus prazeres, privando-me de uma ilusão que fazia minha felicidade." Ele tinha muita razão de falar assim; e os que viam essa doce e feliz loucura como uma doença que a medicina devia destruir, enganavam-se redondamente, e eram mais doidos que aquele a quem o faziam supor.

Aliás, eu não disse que todas as ilusões dos sentidos e do espírito são indistintamente loucuras. Por exemplo, um homem que julga erradamente e toma um jumento por um burro, ou admira como um poema sublime a mais detestável das rapsódias, não passará, a princípio, por louco. Ao passo que se dará sem dificuldade esse título àquele que, tendo o juízo tão perturbado quanto os sentidos, mostra continuamente uma alienação contrária aos costumes e às práticas comuns. Tal seria, por exemplo, um homem que, toda vez que ouvisse um burro zurrar, imaginasse ouvir uma sinfonia maravilhosa, ou que, nascido na miséria e na baixeza, se acreditasse tão rico e poderoso quanto Creso[22]. Essa espécie de loucura, quando acompanhada de graça, como ocorre geralmente, diverte muito tanto os que a experimentam quanto os que a veem nos outros, sem serem eles próprios acometidos por ela. E, nisto, meu poder tem uma extensão bem maior do que ordinariamente se supõe. Veem-se em toda parte os loucos rirem uns dos outros, proporcionando assim um prazer mútuo. Sucede mesmo, com frequência, de o mais louco rir com mais gosto daquele que o é menos.

Em minha opinião, quanto mais espécies de loucura houver, maior a felicidade, desde que não se saia do gênero de loucura que me é próprio – gênero tão geral e extenso que duvido se possa encontrar em toda a superfície do globo um único homem que seja sábio em todos os momentos, e que não sinta de tempo em tempo algum efeito do meu poder. Toda a diferença é que aquele, por exemplo, que tomasse uma abóbora por uma mulher, seria visto em toda parte como um louco, porque esse tipo de loucura não é comum; ao passo que um homem que se congratula por ter uma mulher mais casta que Penélope, e que vive nesse doce engano enquanto a dama recebe um grande número de amantes, não passará jamais por louco, porque se trata de uma coisa comum e que acontece, por assim dizer, a todos os maridos.

Pode-se colocar na mesma classe aquelas pessoas que não gostam de outra coisa senão da caça. É um prazer imenso, segundo eles, ouvir o som rude e desagradável das

---

22. Creso: Rei de Lídia (561 –546 a.C.), região da Ásia menor, próxima ao mar Egeu. Durante seu reinado, o reino expandiu-se e se enriqueceu, devido à extração do ouro. (N.E.)

trompas e os latidos medonhos dos cães. Acho até que eles cheiram o excremento de seus cães com tanta volúpia como se fosse almíscar. Que prazer quando chega o momento de dilacerar um animal selvagem! Cortar, arrancar os membros dos bois e dos carneiros é uma ocupação vil e desprezível que se delega à gentalha; mas dilacerar os membros palpitantes de um animal selvagem é um exercício nobre e glorioso reservado apenas aos heróis. É de joelhos, com a cabeça descoberta e uma faca consagrada a essa finalidade (pois seria um crime empregar uma outra), é com certos gestos, com um certo respeito religioso que se realiza essa imponente cerimônia, enquanto os assistentes, dispostos em silêncio ao redor do sacrificante, admiram, como algo maravilhoso e inédito, esse espetáculo que talvez já tenham visto milhares de vezes. Feliz o mortal que é convidado a degustar uma pequena porção do animal! É uma honra que ele considera como um dos títulos mais gloriosos de sua família... Tudo o que ganham esses caçadores determinados é que eles se tornam, no final, quase tão selvagens quanto os animais que perseguem e comem. Não obstante, estão muito convencidos de que levam realmente uma vida de rei.

Uma outra espécie de loucos que se parecem um pouco com esses caçadores são aqueles que, possuídos pela paixão insaciável de construir, destroem o que ergueram, tornam a erguer o que destruíram, transformam continuamente o quadrado em redondo e o redondo em quadrado, até que enfim, arruinados de cima a baixo, ficam sem casa nem comida. Que importa? Em todo caso, passaram alguns anos muito agradáveis.

Depois destes vêm os alquimistas. Com a mente sempre repleta de novos segredos, procuram mudar a natureza das coisas, querem transmutar os metais, e perseguem por montes e vales não sei que quintessência quimérica que jamais encontrarão. Inebriados com os vapores de uma doce esperança, não se queixam das dificuldades nem dos trabalhos, e seu espírito, maravilhosamente fértil em inventar a cada dia um novo erro que os engana agradavelmente, os conduz enfim a tal miséria que não lhes restam sequer os meios de construir o mais simples forno. Contudo, mesmo reduzidos a isso, seus sonhos agradáveis não os abandonam, eles empregam todos os esforços para estimular os outros a correr atrás dessa felicidade que não podem mais alcançar; e, ainda que lhes faltasse esse último recurso, consolar-se-iam pensando nesta bela sentença: *Nas grandes coisas, é suficiente ter ousado*. Pode ser que também lamentem, então, o céu não ter dado ao homem uma vida suficientemente longa para realizar tão grande empreendimento.

Quanto aos jogadores, não sei se devo contá-los entre meus loucos. É verdade que nada é mais insano e ridículo que o espetáculo que eles oferecem diariamente. Há alguns que amam o jogo com tanta paixão que sentem o coração palpitar assim que escutam o som dos dados. Outros, constantemente logrados pela doce esperança do ganho, veem o barco de sua fortuna chocar-se contra os escolhos perigosos do acaso; salvos completamente nus dos naufrágio, acabam geralmente virando trapaceiros; mas, por uma delicadeza estranha, preferem enganar qualquer outro jogador menos aquele que os despojou. Veem-se velhos decrépitos e quase cegos, de óculos sobre o nariz, jogarem ainda; outros, quando uma gota merecida lhes enrijece as falanges dos dedos, pagam alguém para lançar os dados por eles. Os jogadores certamente pertencem-me sob todos os aspectos; mas a raiva apodera-se deles com tanta frequência que eu faria melhor, penso, se os enviasse às Fúrias.

Mas eis um tipo de gente que, indiscutivelmente, é dos nossos. Refiro-me aos que se comprazem em escutar ou em espalhar todas essas fábulas ridículas de milagres e de prodígios. Com que prazer, com que avidez o povo não escuta as histórias inacreditáveis de fantasmas, de espíritos, de almas do outro mundo, de inferno e outros prodígios do gênero! Quanto mais o narrador se afastar da verossimilhança, mais certeza terá de iludir seus ouvintes e de acariciar seus ouvidos. Não se deve pensar, porém, que essas coisas sirvam apenas para desentediar os que as dizem ou as ouvem; elas têm uma utilidade mais sólida; servem para encher os bolsos dos padres e dos monges.

Não há grande diferença entre esses loucos e aqueles que, por uma louca confiança na proteção dos santos, são sempre acalentados pelas mais doces esperanças. Um acredita que mal algum lhe acontecerá na jornada, se tiver a felicidade de ver de manhã uma imagem ou uma estátua colossal de São Cristóvão, o Polifemo[23] dos cristãos; outro está convencido de que sairá são e salvo de um combate, porque, antes da ação, fez uma pequena reverência à estátua de Santa Bárbara; um terceiro não duvida que logo enriquecerá, porque, em certos dias da semana, nunca deixa de fazer uma visita à imagem de Santo Erasmo, queimando diante dela pequenos círios enquanto murmura algumas preces. Outros imaginaram um São Jorge que é um substituto, ao mesmo tempo, do Hércules e do Hipólito dos pagãos. Enfeitam com devoção seu cavalo, pondo-lhe fivelas e arreios preciosos; por pouco não lhe prestam o mesmo culto que ao cavaleiro, pelo qual têm tanta veneração que juram por seu capacete, como os deuses juravam pelo Styx[24].

Que direi dos que repousam tranquilamente sobre as *indulgências*, contando de tal maneira com sua eficácia que medem como por uma clepsidra o tempo que devem

---

23. Polifemo: o ciclope de proporções gigantescas que prendeu Ulisses durante seu retorno a Ítaca, depois da Guerra de Troia, e devorou seus companheiros. Segundo a tradição católica, Cristóvão era um gigante que desejava servir ao mais poderoso dos senhores. Ao saber que o mais poderoso senhor era Jesus Cristo, Cristóvão converteu-se à fé e passou a levar uma vida de ermitão numa caverna às margens de um rio, ajudando viajantes. Uma noite, ajudou uma criança a atravessá-lo. Ao chegar à outra margem, o garoto revelou ser o menino Jesus. (N.E.)

24. Styx: o rio dos Infernos. (N.T.)

ficar no purgatório, calculando assim os séculos, os anos, os meses, os dias e as horas com tanta exatidão como se tivessem feito tabelas matemáticas? E daqueles outros que, cheios de confiança em certos amuletos, em certas preces mágicas que algum devoto impostor terá inventado para seu prazer ou seu proveito, prometem-se nada menos que riquezas, honrarias, prazeres, boa comida, saúde inalterável, longa vida, velhice robusta e, enfim, um lugar no céu, ao lado de Jesus Cristo? Quanto a essa última vantagem, só querem usufruí-la o mais tarde que puderem. Somente quando os prazeres deste mundo os tiverem abandonado e não mais puderem reter um só, é que consentirão em desfrutar as delícias celestes do Paraíso.

Basta que um mercador, um soldado, um juiz retire uma moedinha do monte de dinheiro que suas rapinas lhe proporcionaram e a empregue nessas piedosas ninharias; não é preciso mais, ele acredita que tem a alma purificada de todos os pecados de sua vida. Perjúrios, impudicícias, querelas, devassidões, homicídios, traições, perfídias, imposturas, a moedinha redimiu tudo, e redimiu tão bem que ele acredita poder recomeçar tudo outra vez.

Pode haver homens mais loucos, e portanto mais felizes, que os que acreditam que, recitando diariamente alguns versículos dos Salmos, não deixarão de ir para o Paraíso? Ao que dizem, foi um certo diabo zombeteiro que descobriu a virtude mágica desses versículos. Mais irrefletido do que astuto, ele vangloriou-se imprudentemente a São Bernardo de possuir esse belo segredo; mas, como lidava com alguém mais sabido que ele, o monge pegou o diabo[25]. Todas essas

---

25. O diabo, diz uma lenda, ao encontrar um dia São Bernardo, gabou-se de saber sete versículos dos Salmos possuidores de tal virtude que, quem os recitasse diariamente, estaria certo de sua salvação. O homem de Deus ficou curioso para conhecer esses versículos, mas o diabo insistiu que não os revelaria. "Eu te pegarei, disse o santo, pois recitarei diariamente todo o Saltério e, consequentemente, teus sete versículos." O diabo preferiu então revelar o segredo do que dar oportunidade a tal devoção. (N.E.)

extravagâncias, diante das quais eu mesma quase não posso deixar de corar, são no entanto aprovadas não apenas pelo povo, mas também pelos padres e pelos teólogos.

Outra coisa igualmente louca e engraçada são os santos erigidos como protetores dos diferentes lugares. Cada região tem seu padroeiro, que ela homenageia com cerimônias particulares, e que possui também suas virtudes particulares. Um, por exemplo, cura a dor de dente, outro alivia as parturientes; este faz devolver as coisas roubadas, aquele preserva do naufrágio, um outro protege os rebanhos, e assim por diante: eu jamais terminaria se quisesse relatar todas as virtudes desses santos padroeiros. Alguns possuem, sozinhos, várias virtudes ao mesmo tempo; é o caso da mãe de Deus, a quem o povo atribui, por assim dizer, mais poder que a seu filho.

E o que pedem os homens a esses divinos padroeiros, senão o que se relaciona apenas à loucura? Entre tantos ex-votos afixados nas paredes e mesmos nas abóbadas de alguns templos, já vistes um só em que alguém agradecesse ter-se livrado da loucura ou ter ficado um pouco mais sábio? Um escapou do naufrágio: outro curou-se de um grave ferimento resultante de uma briga; este dá graças aos céus por ter, no auge do combate, empreendido uma feliz e corajosa fuga; aquele porque, estando dependurado na forca, caiu, pela virtude de algum santo amigo dos ladrões, e pôde recomeçar a roubar os transeuntes. Aqui, vê-se a oferenda de um celerado que fugiu da prisão e escapou das mãos da justiça; ali, a de um homem que, tendo se curado naturalmente de uma febre, burlou a avidez de seu médico, furioso por ela não ter durado mais tempo. Este encontrou um remédio no veneno que devia fazê-lo morrer, para o desgosto da mulher, que lamenta o dinheiro e o trabalho perdidos; aquele, cuja carroça tombou, teve a felicidade de trazer de volta para casa seus cavalos sãos e salvos; um outro agradece a um santo por não ter sido esmagado sob as ruínas de um prédio que desabou; um galanteador surpreendido pelo marido da amante, e feliz por ter se livrado do aperto, registrou a memória dessa aventura. Nenhum, nenhum ainda agradeceu aos céus ter podido livrar-se da loucura. Ela é tão doce e agradável, essa encantadora loucura, que os homens renunciariam a tudo antes de consentirem privar-se dela.

Mas por que lançar-me no oceano imenso das superstições? Ainda que eu tivesse recebido do céu, como diz Virgílio[26], cem bocas, cem línguas e uma voz de ferro, jamais poderia terminar de relatar todas as espécies de loucuras que há na terra. O certo é que a vida de todos os cristãos está repleta de extravagâncias dessa espécie, que os padres autorizam e fomentam com prazer, pois conhecem bem o lucro que obtêm.

Se em meio a tais loucuras um sábio importuno levanta-se e proclama estas verdades: "É vivendo sabiamente que evitareis os acidentes infelizes. Não é apenas pelo dinheiro que dais aos padres que vossos pecados são redimidos, mas sim pelo horror ao pecado, pelas lágrimas, vigílias, preces, jejuns e outras boas obras. É imitando a vida desse ou daquele santo que merecereis sua proteção", de que doces enganos a conversa desse homem não privaria de repente as almas! Que desordem não provocaria nas consciências!

Coloquemos também na classe precedente os loucos que, em vida, determinam com tanta exatidão as cerimônias de seus funerais que estipulam o número de candelabros, de assistentes, de cantores, de carpideiras que devem acompanhar o enterro. Dir-se-ia que esperam usufruir essa pompa fúnebre quando estiverem no túmulo, ou que teriam vergonha de estar mortos se seu cadáver não fosse enterrado com toda essa magnificência. É como se a morte fosse, para

---

26. Virgílio: poeta latino (70–19 a.C.) que cantou a saga do povo romano em *Eneida*, tornando-se um dos modelos poéticos e narrativos da literatura ocidental. Em *A Divina Comédia*, ele guia Dante em sua jornada. (N.E.)

eles, um cargo de vereador, e eles já se exercitassem em ordenar festas e banquetes.

Percorrendo com tanta rapidez todas as diferentes classes de loucos, não esqueçamos, porém, aquelas pessoas que, tendo os costumes e as inclinações da mais vil canalha, não cessam de enaltecer seus vãos títulos de nobreza. Um diz descender de Eneias, outro de Bruto, um terceiro do rei Artur. Por toda parte expõem as estátuas e os retratos dos antepassados. Repetem sem parar a ladainha tediosa dos avós e bisavós, têm na boca somente nomes e sobrenomes antigos, e, apesar de todos os seus discursos, são pessoas tão estúpidas quanto estátuas e que geralmente valem menos que as imagens que exibem. Mesmo assim, o amor-próprio lhes faz passar uma vida feliz, e há inclusive gente bastante louca para respeitar como deuses esses animais estúpidos que não merecem sequer o nome de homens.

Mas por que limitar-me aqui a uma ou duas espécies de loucos que o amor-próprio faz felizes? Acaso ele não espalha por todo lado a felicidade de mil maneiras diferentes? Um acredita-se tão belo como Nereu[27], embora seja feio como um macaco; outro considera-se um segundo Euclides[28], porque já conseguiu riscar algumas linhas com o auxílio de um compasso; um terceiro imagina cantar tão bem como Hermógenes, embora não tenha mais talentos para a música do que o burro mais desvalido da natureza, e sua voz seja rouca e desagradável como a de um galo.

Uma espécie de loucura não menos agradável que as precedentes é a das pessoas que se enaltecem e se glorificam com as qualidades e os talentos dos que estão a seu serviço, como se fosse a elas que os céus os tivessem concedido. É

---

27. Nereu: um dos mais antigos deuses do mar, filho de Gaia, benfeitor dos navegadores e pai das nereidas. (N.E.)
28. Euclides: Matemático grego do século III, fundador da Escola Matemática de Alexandria. De sua extensa obra apenas parte chegou até hoje. *Elementos* era considerada uma autoridade dentro do campo da matemática elementar até o século XIX. (N.E.)

o caso daquele feliz homem rico de que fala Sêneca, que, toda vez que contava uma história, tinha sempre ao lado domésticos para soprar-lhe os nomes, e que, não tendo mais que um sopro de vida, teria ousado lutar contra os mais famosos atletas, pois imaginava ter a força de todos os escravos de sua casa.

Há necessidade de falar aqui dos que professam as belas-artes? O amor-próprio é tão natural a todos que talvez não haja um só que não preferisse ceder seu pequeno patrimônio do que sua reputação de homem de gênio. Tais são, sobretudo, os atores, os músicos, os oradores e os poetas. Quanto menos talento possuem, maior seu orgulho, sua vaidade, sua arrogância. Todos esses loucos encontram, porém, outros loucos que os aplaudem; pois, quanto mais uma coisa é contrária ao bom-senso, mais ela atrai admiradores; o que há de pior é sempre o que agrada a maioria; e nada é mais natural, posto que, como já vos disse, a maior parte dos homens são loucos. Ora, como os artistas mais ignorantes estão sempre muito satisfeitos consigo mesmos e gozam da admiração da maioria, eles procederiam mal se fizessem um esforço infinito para adquirir verdadeiros talentos, que, afinal, apenas serviriam para fazer dissipar a ideia vantajosa que possuem do próprio mérito, para torná-los mais modestos e para diminuir em muito o número de seus admiradores.

Não é somente a cada indivíduo que a natureza distribuiu os dons felizes do amor-próprio; cada povo, cada nação, cada cidade, mesmo, recebeu uma dose bastante grande deles. Os ingleses jactam-se de ser homens belos, bons músicos e magníficos em seus banquetes. Os escoceses têm orgulho de sua nobreza, de seus títulos, de suas alianças com a casa dos reis, e de sua maravilhosa sutileza nas disputas escolásticas. Os franceses orgulham-se de sua polidez; os parisienses, em particular, glorificam-se de ter na Sorbonne a mais erudita escola de teologia. Os italianos, convencidos de que possuem exclusivamente as belas-letras e a eloquência, julgam-se o único povo da terra que não mergulhou nas trevas da barbárie. Entre eles, os romanos são os que mais se deliciam nesse doce erro; sonham com a grandeza dos antigos romanos e creem ingenuamente ainda possuir alguma. Os venezianos são felizes quando pensam em sua nobreza; os gregos, quando se imaginam os inventores das ciências e quando se arrogam os títulos de seus antigos heróis. Os turcos, e a multidão inumerável de bárbaros que cobrem três quartos da terra, jactam-se de possuir a verdadeira religião, e olham com piedade os cristãos, que eles chamam de supersticiosos. Os judeus, mais felizes ainda, vivem na doce espera de seu Messias e, enquanto esperam, mantêm-se firmemente atados à lei de Moisés. Os espanhóis consideram-se os maiores guerreiros do mundo; os alemães, orgulhosos de sua grande estatura, também se enaltecem de saber magia e de ser grandes feiticeiros.

Sem ir muito longe, isso certamente basta para vos mostrar como o amor-próprio espalha em toda parte os prazeres mais doces sobre cada homem em particular e sobre todos os homens em conjunto. Esse amor-próprio bondoso tem por irmã a adulação, que se parece com ele como duas gotas d'água. De fato, adular a si mesmo é amor-próprio; adular os outros é o que se chama adulação. É verdade que hoje em dia a adulação é bastante malvista, mas somente entre as pessoas que dão mais atenção ao nome que à coisa. Elas creem que ela não poderia subsistir com a fidelidade, mas enganam-se: os próprios animais poderiam fornecer-lhes exemplos do contrário. Há um animal mais adulador e ao mesmo tempo mais fiel que o cão? Há um animal mais meigo e no entanto mais amigo do homem que o esquilo? Esses exemplos devem bastar para convencer tais pessoas; a menos que elas afirmem que os leões rugidores, os tigres cruéis, os leopardos ferozes têm mais relação com o homem do que esses inocentes animais. Sei perfeitamente que há uma outra espécie de adulação bárbara, que a perfídia e o escárnio utilizam para a perdição ou a vergonha dos infelizes. Mas a adulação que me acompanha não possui esses traços odiosos; filha da complacência e da doçura, ela se aproxima bem mais da virtude do que aquela misantropia mal-humorada e insuportável de que fala Horácio, que lhe é totalmente oposta. Ela reanima a coragem, alivia os aborrecimentos, espicaça o desleixo, destrói a estupidez, acalma a dor e a fúria, abranda a ferocidade, atrai e fixa os amores volúveis. É ela que estimula as crianças ao estudo das ciências, que consola com suas doçuras os velhos mais melancólicos, que transmite até mesmo aos príncipes, sob o disfarce agradável do louvor, conselhos e lições com os quais eles não se ofendem. É ela, em suma, que dá a todos os homens aquela boa opinião, aquele amor de si mesmo que constitui a maior parte da felicidade.

Vede com que complacência dois burros se coçam um ao outro! Pois bem, eis aí em que consiste uma grande parte da eloquência, uma grande parte da medicina e, por assim dizer, a poesia inteira; enfim, eis o que faz a satisfação, a doçura da vida.

Vós talvez me direis: "É um grande mal ser enganado". – Ah! dizei antes que é um mal enorme não o ser. Acreditar que a felicidade do homem consiste nas coisas mesmas é levar a extravagância ao excesso. Somente a opinião nos faz felizes. Tudo, no mundo, é tão obscuro e variável que é impossível saber alguma coisa ao certo, como assinalaram muito bem meus bons amigos acadêmicos, os menos impertinentes de todos os filósofos; ou, se alguém consegue saber alguma coisa, é quase sempre em detrimento da felicidade da vida. Enfim, o homem é feito de maneira que as ficções lhe causam muito mais impressão que a verdade. Quereis uma prova clara e sensível? Ide a vossas igrejas quando lá se prega. Se o orador trata de algum assunto sério, as pessoas se aborrecem, bocejam, dormem; mas se, mudando subitamente de tom e de assunto, como acontece com frequência, o animador (perdão, eu quis dizer o pregador) põe-se a recitar com ênfase alguma velha história popular, a audiência logo muda de atitude: todos despertam, se aprumam, escutam, todos são olhos e ouvidos. O mesmo acontece nas solenidades da Igreja. Celebra-se algum santo fabuloso e poético, como São Jorge, São Cristóvão ou Santa Bárbara? O povo terá bem mais respeito e devoção do que se lhe falassem de São Pedro, de São Paulo ou do próprio Jesus. Mas não é o caso de entrar aqui nesses detalhes.

Para voltar então aos prazeres da opinião, não são eles, de todos os prazeres, os que se obtêm mais facilmente? Que sofrimentos, que trabalhos não são necessários, geralmente, para se obter os conhecimentos mais fúteis, a começar pelos princípios da gramática? A opinião, ao contrário, apresenta-se espontaneamente, parece que todos a respiram; no entanto, ela faz o mesmo e até muito mais para a felicidade do que o conhecimento real das coisas. Dizei-me, peço-vos, se um homem saboreia um pedaço de toicinho rançoso, cujo cheiro vos parece insuportável, com tanto prazer como se fosse ambrosia, o mau gosto de sua comida diminui em algo o prazer que ele tem de comer? Se um outro, ao contrário, sente-se enojado à visão dos manjares mais requintados, pode o sabor delicioso destes causar-lhe algum prazer? Se uma mulher extremamente feia parece aos olhos do marido tão bela como a deusa de Citera[29], não é esse marido tão feliz como se possuísse uma Helena[30]? Um homem tem um quadro feito por um mau pintor ignorante, mas está convencido de que é de Apeles[31] ou de Zêuxis[32];

---

29. Trata-se de Afrodite, a deusa do amor e da beleza. (N.E.)

30. Helena mulher de Menelau, e tida como a mais bonita das mortais, além de pivô da Guerra de Troia: Páris, filho de Príamo (rei de Troia) encantara-se com sua beleza e raptou-a. (N.E.)

31. Apeles: pintor grego da segunda metade do século IV a.C, especialista em retratos, segundo relatos da Antiguidade. (N.E.)

32. Zêuxis: pintor grego que viveu nos séculos V e IV a.C. e notabilizou-se por seus trabalhos altamente realistas. (N.E.)

embalado nesse doce engano, ele o contempla, o admira sem parar; não tem esse homem muito mais prazer do que aquele que, tendo pago caro por uma obra-prima desses grandes artistas, nela não encontrasse nada de maravilhoso nem de admirável? Conheço alguém com meu nome[33] que, um tempo depois do casamento, presenteou a esposa com um estojo de diamantes falsos. Como ele gostava de gracejar, fez que ela acreditasse serem finos e até mesmo de alto valor. Pois bem, o que faltava para a felicidade da dama? Seus olhos e seu espírito não estavam igualmente satisfeitos ao contemplar, ao admirar aqueles pedaços de vidro? Não sentia ela igual prazer em conservá-los como se fosse o maior tesouro do mundo? No entanto, o marido evitava uma grande despesa e deliciava-se com o engano da mulher, que se mostrava tão agradecida como se o presente tivesse custado somas imensas.

Dizei-me, peço-vos, se os loucos que Platão supõe dentro de uma caverna, onde veem apenas a sombra e as aparências das coisas, estão satisfeitos com sua sorte, se se congratulam e estão contentes consigo mesmos, são eles menos felizes do que o sábio que, ao sair dessa caverna, vê as coisas tais como são? Se o remendão de que fala Luciano tivesse passado a vida nas doçuras do sonho benfazejo que o cumulava de riquezas, teria ele podido desejar algo mais? Portanto, não há diferença nenhuma entre os sábios e os loucos, ou, se existe alguma, é inteiramente em benefício dos últimos; em primeiro lugar porque sua felicidade, que consiste apenas na opinião, lhes custa bem menos, e, em segundo, porque sua felicidade é partilhada por um número bem maior de pessoas. Um prazer usufruído a sós não é um verdadeiro prazer. Ora, não sabeis quão pequeno é o número de sábios? Talvez fosse mesmo difícil encontrar

---

33. Erasmo parece referir-se aqui ao político e humanista inglês Tomás Morus (1478-1535), autor de *Utopia*. A Loucura diz que ela tem seu nome porque em grego loucura chama-se *Moria*. (N.T.)

algum. É verdade que, durante uma longa série de séculos, a Grécia orgulhou-se de ter produzido até sete deles; mas, sinceramente!, se quisessem examiná-los com um pouco de rigor, duvido que se achasse sábia a metade ou mesmo um terço de um só deles.

Entre os louvores feitos a Baco, o mais glorioso, certamente, é que ele dissipa as preocupações, as inquietudes e os sofrimentos. Mas não por muito tempo: passada a bebedeira, o bêbado retorna aos desgostos de sempre. Não é a felicidade que proporciono aos homens bem mais completa e mais doce? Mergulho-os numa embriaguez contínua, a alma deles nada incessantemente num mar de prazeres e de delícias, e tudo isso sem custar-lhes nada.

Mais generosa que os outros deuses, que espalham seus dons apenas sobre alguns mortais, não aceito que um único homem seja privado de meus benefícios. Não é em toda parte que Baco faz produzir essa bebida agradável que inspira a coragem, dissipa os desgostos e enche os corações de esperança e alegria; Vênus raramente concede o dom da beleza; Mercúrio, mais raramente ainda o da eloquência; as riquezas caem apenas sobre alguns amigos de Hércules; as coroas, sobre alguns favoritos de Júpiter; Marte ouve às vezes as súplicas dos dois exércitos inimigos, sem atender nem uns nem outros; Apolo consterna com frequência, por suas respostas, os que vêm consultar seus oráculos; Júpiter lança de vez em quando o raio; Febo envia de tempo em tempo a peste sobre a terra; Netuno devora mais navegadores nos abismos profundos do que os conduz ao porto; não digo nada das divindades maléficas como Plutão, a Discórdia, os Castigos, a Febre e outras da mesma espécie, que são mais carrascos do que deuses. Somente eu, essa Loucura que estais vendo, é que dou a todos os homens os bens que os deuses só distribuem a alguns de seus favoritos. E para isso não exijo nem preces nem oferendas; não me irrito contra os mortais, não lhes peço sacrifícios de expiação quando omitem alguma cerimônia de meu culto. Não agito o céu e a terra para vingar-me de um homem que, tendo convidado todos os deuses a uma grande oferenda, não se lembrou de mim. Em verdade, os outros deuses são tão intratáveis sobre essas ninharias que seria quase mais útil e mais seguro abandoná-los de vez, do que prestar-lhes todos esses cultos. Eles se assemelham a essas pessoas sempre tão mal-humoradas e dispostas a zangar-se que é preferível tê-las por inimigas do que ser obrigado a viver familiarmente com elas.

"Mas, direis, ninguém faz sacrifícios à Loucura, ninguém lhe erige templos." Como já vos disse, fico um pouco surpresa com tanta ingratidão; mas minha bondade natural faz que eu não dê muita importância a isso. Aliás, não tenho motivo de sentir a falta desses sacrifícios. Um grão de incenso, um pedaço de pão, um bode, um porco, poderiam todas essas oferendas adular-me, eu que recebo dos mortais da terra inteira um culto que os próprios teólogos sustentam com todo o seu poder? Não pensais, certamente, que invejo Diana pelo sangue humano derramado em seus altares. Não, não: acredito meu culto bem estabelecido quando vejo em toda parte os homens levarem-me em seu coração, representarem-me por seus costumes, exprimirem-me por sua conduta.

Há muito poucas divindades, sem excetuar mesmo os santos dos cristãos, a quem se presta um culto tão sincero. Uma quantidade de gente acredita, por exemplo, honrar muito a Virgem queimando, em pleno meio-dia, uma pequena vela diante de uma de suas imagens. Como são poucos, ao contrário, os que procuram imitar sua castidade, sua modéstia e seu amor pelas coisas espirituais e divinas! Seria esse, no entanto, o verdadeiro culto, aquele que agradaria infinitamente a todos os habitantes do Olimpo e do Empíreo.

E que necessidade tenho eu de um templo? O universo inteiro, onde sou honrada incessantemente, não é um templo bastante magnífico? Se houvesse um único lugar na terra onde eu não tivesse adoradores, esse lugar não seria habitado por homens. Não acrediteis tampouco que eu seja bastante tola para desejar imagens ou estátuas; sei o quanto essas coisas prejudicam um verdadeiro culto. As pessoas estúpidas e grosseiras adoram a estátua em vez do santo, e estamos então na situação dos que são suplantados por seus agentes. Todos os mortais, mesmo que não o queiram, são outras tantas estátuas, outras tantas imagens vivas que me representam ao natural. Não tenho portanto motivo de invejar às outras divindades a honra de serem adoradas, em certos dias, nesse ou naquele lugar da terra. Que Febo seja honrado em Rodes, Vênus em Chipre, Juno em Argos, Netuno em Tarento, Príapo em Lâmpsaco, que me importa, contanto que o universo continue sempre a oferecer-me a todo instante vítimas bem mais preciosas que as imoladas nos altares dessas divindades?

Dirão talvez que há mais descaramento do que verdade em tudo o que afirmo aqui. Mas lancemos um olhar sobre a vida dos homens, e então vereis o reconhecimento que os mortais me devem e o quanto sou estimada pelos grandes e pelos pequenos. Não examinarei aqui todas as condições umas após as outras, a tarefa seria demasiado longa; falarei apenas dos mais distintos, e a partir daí se poderá julgar o resto. Com efeito, por que perderia tempo examinando a vida do que chamam a populaça? Alguém pode contestar-me que toda essa gente me pertence inteiramente? Eles dão à loucura tantas formas diferentes, inventam a cada dia tão grande número de formas novas, que mil Demócritos[34] seriam insuficientes para rir de suas extravagâncias; e esses mil Demócritos, se existissem, poderiam fornecer eles próprios motivo de riso a um outro novo Demócrito.

---

34. Demócrito: filósofo e matemático grego (460-370 a.C.). (N.E.)

Não podeis imaginar quantos divertimentos, quantos prazeres todos esses homenzinhos oferecem diariamente aos deuses. Sóbrios pela manhã, os habitantes do Olimpo ocupam-se até o almoço em tomar deliberações que geralmente degeneram em discussões e em escutar os votos e as preces que lhes dirigem. Mas, quando os vapores do néctar lhes aqueceram o cérebro e eles não têm mais condições de se aplicar aos assuntos sérios, sobem ao mais alto do Olimpo, sentam-se ali, olham o que se passa na terra e deliciam-se então com o mais divertido dos espetáculos. Ó céus! que comédia! que multidão extravagante de loucos de toda espécie! Posso falar disso com conhecimento de causa, pois às vezes também estou entre os deuses quando eles assim se divertem.

Um morre de amor por uma mulher e, quanto menos é amado, maior é sua paixão; outro casa-se com o dote da moça e não com ela. Este oferece ele próprio amantes à sua mulher; aquele é tão ciumento da sua que não a perde de vista um instante sequer. Aqui, um homem, atribulado por uma morte imprevista, faz e diz mil extravagâncias e contrata carpideiras para representarem a dor e as lágrimas. Ali, um outro, satisfeito no fundo do coração com o mesmo acontecimento, esforça-se para simular tristeza e *chora*, como dizem os gregos, *sobre o túmulo da sogra*. Mais adiante, é um glutão que acumula o que pode para satisfazer sua gula e em breve não terá sequer um pedaço de pão seco; ou então é um preguiçoso que encontra sua soberana felicidade na ociosidade e no sono. Uns, negligenciando os próprios afazeres, estão sempre ocupados com os do vizinho. Outros, pedindo emprestado dinheiro para pagar as dívidas, imaginam-se ricos, embora estejam à beira da bancarrota. Para aquele avarento não há nada mais agradável do que viver como um mendigo, a fim de enriquecer os herdeiros. Esse negociante insaciável, em busca de um lucro pequeno e incerto, atravessa os mares, entregando ao capricho dos ventos e das ondas uma vida que nem todo o ouro do mundo lhe devolverá assim que a tiver perdido. Um outro prefere buscar a fortuna na guerra do que levar uma vida fácil e tranquila em casa. Alguns esperam enriquecer facilmente ludibriando algum velho sem herdeiros; outros, com o mesmo objetivo, fazem-se amar por uma velha rica. Mas que prazer para os deuses quando uns e outros são enganados por aqueles a quem queriam enganar!

A mais louca e a mais desprezível de todas as classes humanas é a dos mercadores. Ocupados o tempo todo com o vil amor ao lucro, empregam, para satisfazê-lo, os meios mais infames. A mentira, o perjúrio, o roubo, a fraude e a impostura preenchem sua vida inteira; apesar disso, acreditam que seu dinheiro deve fazê-los passar pelos homens mais importantes do mundo; e não faltam frades aduladores que não coram por lhes oferecer em público os títulos mais honrosos, a fim de abocanhar uma pequena parte de uma riqueza mal-adquirida.

Por outro lado, veem-se pessoas que, convencidas como os pitagóricos de que todos os bens são comuns, apropriam-se sem escrúpulo de tudo que lhes cai nas mãos e imaginam possuí-lo tão legitimamente como se o tivessem herdado. Há os que são ricos apenas em esperança; forjam-se as ideias de fortuna mais brilhantes e agradáveis, e isso basta para fazê-los felizes. Alguns querem passar por ricos em público, embora em casa não tenham o que comer. Um se apressa em dissipar toda a sua riqueza; outro a acumula por toda espécie de meios. Este luta para obter cargos do Estado; aquele só sente prazer em ficar junto à lareira. Uma grande parte dos homens atormentam-se com processos judiciais eternos e parecem querer saber quem enriquecerá: o juiz que prolonga a causa ou o advogado que os engana. Aqui, há gente ávida de novidades; ali, medita-se algum empreendimento extraordinário. Outros vão a Jerusalém, a Roma ou a Santiago, onde nada têm a fazer, deixando em casa as mulheres e os filhos, que teriam grande necessidade deles. Enfim, se observásseis da lua todas as agitações inumeráveis dos homens, teríeis a impressão de ver um turbilhão de moscas e mosquitos discutindo, lutando entre si, armando emboscadas, saqueando-se, divertindo-se, galhofando, nascendo, caindo e morrendo. Não se poderia imaginar a quantidade de movimentos, de confusões, de cenas as mais variadas que a todo instante no globo produz o homem, esse pequeno animal que mal consegue prometer-se um instante de vida, e que está continuamente exposto a ver abreviado esse instante pela guerra, a peste e os outros males que devastam e despovoam com tanta frequência a terra. Mas eu seria a mais louca de todos os loucos, e Demócrito teria razão de rir de mim desbragadamente, se eu resolvesse falar aqui de todo tipo de loucuras e extravagâncias que reinam entre o povo. Falarei, portanto, daqueles entre os homens que têm a aparência da sabedoria e que correm atrás do que chamam o ramo de ouro.

Comecemos pelos pedantes que ensinam a gramática. Seria indiscutivelmente a espécie de homens mais miserável, mais lastimável e a mais odiada dos deuses, se eu não abrandasse, por um certo gênero de loucura, as misérias da triste profissão que exercem. Expostos constantemente aos tormentos mais cruéis, a fome e o fedor lhes fazem uma guerra contínua. Encerrados em suas escolas, ou melhor, em suas galeras e prisões, palco medonho de suas execuções bárbaras, eles envelhecem no trabalho em meio a um bando de crianças, ficam surdos de tanto gritar, e a imundície os consome e resseca. Pois bem, apesar de tudo isso, felizes por meus benefícios, julgam-se os homens mais importantes do mundo. Que ideias agradáveis não concebem do próprio mérito, quando, ante seus olhares e voz severos e ameaçadores, veem tremer o bando assustado de seus tímidos súditos, quando os castigam impiedosamente a golpes de férulas e de varas, quando, ao sabor de seus caprichos, impõem tormentos de toda espécie sobre as deploráveis vítimas de sua brutalidade! Como o burro da fábula, acreditam ter a força do leão porque têm a pele desse animal. Admiram-se em sua imundície; o mau cheiro que exalam parece-lhes tão agradável como o do jasmim e da rosa; seu triste emprego, que não passa de uma miserável escravidão, é para eles um império tão glorioso que não o trocariam pelo poder dos tiranos Fálaris[35] ou Dionísio[36]. Mas o que os deixa ainda mais felizes é a ideia que fazem de sua erudição. Enchem a cabeça das crianças com um monte de impertinências ridículas; no entanto, com que desprezo, com que desdém consideram os Palêmones, os Donato e todos os gramáticos que tiveram realmente mérito! O curioso é que conseguem, não sei como, comunicar aos tolos, pais de seus alunos, a ideia que eles mesmos têm do próprio mérito. Um outro prazer que proporciono a esses pedantes é quando descobrem por acaso, em algum manuscrito embolorado, o nome da mãe de Anquises[37] ou alguma palavra desconhecida do vulgo, ou quando desenterram alguma velha pedra com os vestígios de uma inscrição. Ó céus! que alegria! que triunfo! que glória! que elogios! É como Cipião[38] voltando da guerra na África, ou Dario[39] após a conquista da Babilônia! E o que não se julgam ainda, quando, lendo por toda parte seus versos frios e insípidos, encontram alguns tolos que os admiram? Acreditam então que o gênio de Virgílio penetrou inteiramente em seus cérebros. Mas nada é tão

---

35. Fálaris: tirano de Agrakas, atual Agriento, na Sicília, morto em 554 a.C. (N.E.)

36. Dionísio: divindade grega largamente cultuada na Ásia menor e na Grécia, sobretudo em Atenas e em Tebas. (N.E.)

37. Anquises: pai de Eneias, troiano que fundou Roma. (N.E.)

38. Cipião: general e político romano (235-183 a.C.) conhecido como Cipião, o Africano, devido às suas vitoriosas campanhas na África. (N.E.)

39. Dario (550-486 a.C.): rei da Pérsia que, sendo especialista em leis, foi considerado, no seu tempo, o maior legislador do Oriente. (N.E.)

divertido quanto ver dois desses pedantes admirarem-se e louvarem-se reciprocamente, como dois burros que se coçam um ao outro. Se algum deles deixa escapar um erro de gramática e um outro chega a percebê-lo, ó céus! que gritaria! que disputas! quantas injúrias! quantas invectivas! Mas escutai um fato que é muito verdadeiro; que todos os gramáticos me odeiem se acrescento alguma coisa. Conheço um homem que possui todos os conhecimentos: grego, latim, matemática, filosofia, medicina, ele sabe tudo. Já é sexagenário e, de vinte anos para cá, negligencia todas essas ciências e dedica-se noite e dia a estudar a gramática, desejando, como uma grande felicidade, viver bastante tempo para conseguir estabelecer uma distinção clara entre as oito partes da oração, coisa que até agora nem os gregos nem os latinos puderam ainda fazer com exatidão. Como se fosse uma tremenda infelicidade tomar uma conjunção por um advérbio e fosse preciso empreender as guerras mais sangrentas para opor-se a tal abuso! Cheio dessa doce esperança, ele estuda, medita, lê e relê sem parar tudo o que os gramáticos já escreveram sobre a gramática, por mais enfadonho e bárbaro que seja o estilo deles; o que, em verdade, não é tarefa pequena, pois se pode dizer que há tantas gramáticas quantos gramáticos, e até muito mais, já que meu amigo Aldo escreveu, só ele, cinco delas. E, em meio a esse penoso trabalho, o nosso sábio experimenta terrores mortais ante o menor escrito publicado sobre o assunto, por mais tolo e vulgar que possa ser, temendo sempre que alguém, antecipando-se nessa maravilhosa descoberta, lhe arranque tão bela glória e lhe faça perder o fruto de tantos esforços e trabalhos. Chamai isso extravagância, loucura, como vos aprouver; mas admiti também que o pedante, certamente o mais miserável de todos os animais, alcança com meu auxílio um grau tão alto de felicidade que não trocaria seu destino pelo do maior rei do universo.

Os poetas não me devem tanta obrigação: sua condição mesma lhes dá um direito natural a meus dons. Eles constituem, como sabeis, uma nação livre, ocupada a todo instante em adular os ouvidos dos loucos com frivolidades e histórias ridículas. E não precisam mais do que isso para se julgarem no direito de aspirar à imortalidade e mesmo de prometê-la aos outros. O amor-próprio e a adulação têm por eles uma amizade muito especial, e ninguém na terra me presta um culto mais puro e mais constante.

Os oradores, embora se afastem às vezes de meus princípios e se aliem um pouco com os filósofos, pertencem-me, no entanto, por vários motivos. Para deter-me num só, não difundem eles diariamente um grande número de frivolidades? E, ainda mais: não escreveram tratados muito longos e sérios sobre a arte do chiste? O autor, não importa quem seja, que dedica a Herênio seu tratado sobre a arte de falar, inclui a loucura entre as formas do chiste. Demóstenes, o príncipe dos oradores, escreveu sobre o riso um capítulo mais longo que a *Ilíada*. Enfim, estão todos tão convencidos do poder da loucura que acreditam que um chiste é geralmente mais apto a resolver uma dificuldade do que os raciocínios mais sérios. Ora, ninguém, suponho, me contestará o direito exclusivo de fazer rir por gracejos.

Os que correm atrás da imortalidade escrevendo livros são mais ou menos da mesma natureza que os oradores. Todos me devem grandes obrigações; mas inspiro principalmente os que escrevem apenas frivolidades e bagatelas. Pois, em relação aos autores que, por obras refletidas, aspiram aos sufrágios de um pequeno número de pessoas razoáveis, e que nem sequer recusam como juízes os Pérsios[40] e os Lélios, a sorte deles me parece mais digna de piedade que de inveja. Com o espírito sempre atormentado, eles acrescentam, mudam, suprimem, consertam, revisam,

---

40. Pérsio: poeta latino (34-62), de estilo gracioso e claro, que satirizava os costumes de sua época. (N.E.)

corrigem, consultam; jamais contentes com o que fazem, trabalham durante nove ou dez anos antes de publicar uma obra. E, depois de tantas vigílias, esforços e trabalhos, depois de tantas noites sem a doçura do sono, qual sua recompensa? A coisa mais vã e mais frívola do mundo, o sufrágio de um reduzido número de leitores. E não é tudo: a perda de saúde, de peso, de repouso são as tristes sequelas de sua dedicação. Privados de todos os prazeres da vida, tornam-se pálidos, magros, remelentos, às vezes mesmo cegos; a pobreza os acabrunha, a inveja os atormenta, a velhice os atinge na metade de sua carreira e, depois de experimentarem todos esses males, acabam por uma morte prematura. Tal é a quantidade de males que um sábio escritor não teme atrair, para ter o prazer de ser elogiado por três ou quatro miseráveis como ele. Feliz, ao contrário, o autor que compõe sob meus auspícios! Ele não sabe o que é padecimento nem trabalho, escreve tudo o que lhe passa pela cabeça, imprime todos os sonhos de sua imaginação exaltada; jamais apaga, jamais corrige, convencido de que, quanto mais extravagantes as frivolidades que publica, mais terá admiradores, isto é, mais seduzirá a multidão inumerável dos loucos e dos ignorantes. Se for lido e desprezado pelo pequeno número de sábios e homens de espírito, que lhe importa? As vaias de duas ou três pessoas sensatas não serão abafadas pelo ruído esmagador dos aplausos que recebe de todos os lados?

Os que publicam sob seu nome as obras de outros são ainda mais prudentes; usurpam sem dificuldade uma glória que custou muitos esforços e trabalhos àqueles a quem ela pertence. Eles sabem perfeitamente que, cedo ou tarde, o plágio será descoberto; mas, até lá, gozam sempre do prazer de ser admirados. É preciso ver como se empertigam quando lhes fazem elogios, quando os apontam com o dedo em praça pública e quando dizem: *Eis aí um homem admirável!*, quando veem seus livros na loja de um livreiro e leem, no alto de cada página, seus nomes com dois ou três sobrenomes geralmente estranhos e que parecem termos de livros de magia! E todos esses nomes, o que são? Nomes, nada mais. Dos milhões de homens que há na terra, somente alguns ouviram falar deles; e, mesmo entre esses, só muito poucos lhes dão alguma importância, pois os gostos dos ignorantes são tão diversos quanto os dos maiores doutores. – Com frequência eles próprios forjam esse sobrenomes, ou os tiram de algum autor antigo. Um dá-se o nome de Telêmaco, outro, de Estênelo ou de Laertes; este faz-se chamar Polícrates, aquele, Trasímaco. É mais ou menos como se fizessem chamar-se Camaleão ou Abóbora e, a exemplo de alguns filósofos, designassem seus livros pelas letras do alfabeto. Mas nada é mais divertido do que ver os louvores que eles se fazem mutuamente em cartas, poesias e panegíricos; são loucos que louvam loucos, ignorantes que admiram ignorantes. "Superais Alceu", diz um. "Sois mais hábil que Calímaco[41]", responde o outro. "Sois mais eloquente que Cícero", exclama um. "E vós, mil vezes mais sábio que o divino Platão", replica o outro. Noutras ocasiões, escolhem algum antagonista famoso para realçar-lhes mais a glória. Acompanhando seus debates, o público incerto divide-se em sentimentos contrários:

Scinditur incertum studia in contraria vulgus,

até que, finalmente, cada um dos campeões, satisfeito com suas façanhas, sai da arena com um ar vencedor e atribui-se ele próprio a glória do triunfo. As pessoas sensatas zombam dessas loucuras, e com razão. Mas não é menos verdade que todos esses autores são felizes graças a meus benefícios, e que eles preferem seus triunfos aos dos Cipiões.

Todos esses pretensos sábios, que vejo rir com tanto gosto de todas essas coisas e que se comprazem tanto em zombar da loucura dos outros, acaso acreditam não me deverem nenhuma obrigação? Eles me devem muitas e

---

41. Calímaco: filólogo, poeta e professor de estilística (310-235 a.C.), considerado uma das mentes mais eruditas de Alexandria. (N.E.)

grandes, asseguro-vos, e, se ousassem negá-lo, seriam os mais ingratos de todos os homens.

Comecemos pelos juristas. Eles julgam-se os maiores de todos os sábios, e nenhum mortal se admira tanto quanto eles quando, a exemplo de Sísifo, rolam continuamente até o alto de uma montanha uma enorme pedra que torna a cair assim que chegou ao topo – isto é, quando eles entrelaçam quinhentas ou seiscentas leis umas com as outras, sem se importar se elas têm ou não relação com os assuntos de que tratam; quando amontoam glosas sobre glosas, citações sobre citações, fazendo assim o vulgo acreditar que sua ciência é uma coisa muito difícil. Pois estão convencidos de que nada é mais admirável que o que custa muito esforço e trabalho.

Ponhamos na mesma classe os dialéticos e os sofistas, gente que faz mais barulho que os vasos de cobre do templo de Dodona, sendo que o menos tagarela superaria as vinte maiores mexeriqueiras que se pode encontrar sob o céu. Bom seria se não fizessem outra coisa que tagarelar; mas eles discutem e brigam com teimosia pelas coisas mais vãs e ridículas e, à força de altercações, perdem geralmente de vista a verdade que buscavam. O amor-próprio os faz perfeitamente felizes. Armados de dois ou três silogismos, não temem entrar na arena para enfrentar qualquer campeão ou discutir sobre qualquer assunto. Mesmo diante de Estentor[42], jamais os veríamos ceder; sua obstinação os torna invencíveis.

Depois deles vêm os filósofos, homens muito respeitáveis, seguramente, pela barba e o manto, homens que se orgulham de ser os únicos sábios da terra e que olham os outros homens como sombras vãs que se agitam na superfície do globo. Que prazer sentem eles quando, em seu delírio

---

42. Segundo Homero, o guerreiro grego Estentor tinha uma voz formidável, comparável à de cinquenta pessoas falando ao mesmo tempo. (N.T.)

filosófico, criam no universo uma quantidade inumerável de mundos diversos; quando nos dão a grandeza do sol, da lua, das estrelas e das outras esferas com tanta exatidão como se as tivessem medido com uma régua ou com barbante; quando nos explicam as causas do trovão, dos ventos, dos eclipses e outros fenômenos inexplicáveis, falando sempre com tanta confiança como se tivessem sido os secretários da natureza quando ela ordenou o mundo, ou como se acabassem de chegar do conselho dos deuses! Mas essa natureza, infinitamente acima de todas as pequenas ideias dos filósofos, zomba deles e de suas conjeturas. Uma prova bastante evidente de que não possuem nenhum conhecimento certo é que mantêm entre si, sobre suas diferentes opiniões, disputas das quais nada se pode compreender. Não sabem absolutamente nada e orgulham-se de saber tudo. Não conhecem nem a si próprios; às vezes, a fraqueza de sua visão ou a distração de seu espírito divagador faz que não vejam um buraco ou uma pedra logo à frente em seu caminho. No entanto, a ouvi-los, eles enxergam perfeitamente as ideias, os universais, as formas substanciais, a matéria primeira, as quididades, as ecceidades, as entidades, coisas tão minúsculas que não creio que um lince pudesse jamais percebê-las. Com que desprezo, sobretudo, não consideram o vulgo profano, quando sobrepõem, uns sobre os outros, triângulos, círculos, quadrados e uma infinidade de outras figuras matemáticas entrelaçadas em forma de labirinto, ou quando, acrescentando a essas figuras letras dispostas em ordem de batalha, combinadas e recombinadas de mil maneiras diferentes, lançam trevas sobre as coisas mais claras e as tornam incompreensíveis aos ignorantes que os escutam! Vários deles, inclusive, orgulham-se de ler o futuro nos astros e prometem coisas que o maior mágico não ousaria prometer. Loucos felizes, que encontram gente bastante tola para acreditar neles!

Quanto aos teólogos, talvez fosse melhor nada dizer: *não é prudente tocar nem revolver o que cheira mal*. São pessoas que não admitem brincadeiras e que se enfurecem por uma ninharia. Poderiam perfeitamente despejar sobre mim uma saraivada de argumentos para obrigar-me à retratação, ou denunciar-me em toda parte como herege, se me recusasse a fazê-la. Pois esse é o espantalho que geralmente utilizam para amedrontar os que eles não honram com sua benevolência. Embora talvez não haja ninguém no mundo com tanta repugnância quanto eles a reconhecer meus benefícios, ainda assim é verdade que desfrutam de uma boa parte deles. Transportados ao terceiro céu pelos maravilhosos efeitos do amor-próprio, consideram-se como pequenos deuses e lançam, do alto de seu quimérico Olimpo, um olhar de piedade sobre o resto dos mortais, que para eles não passam de vis animais rastejantes na superfície da terra. Cercados de um batalhão de definições magistrais, de conclusões, de corolários, de proposições implícitas e explícitas, sabem utilizar tão grande número de escapatórias que se desembaraçariam até das redes nas quais Vulcano soube reter sua infiel esposa e o deus valente dos combates. Uma série de distinções que cortam de um só golpe o nó da dificuldade mais insolúvel, uma fonte inesgotável de palavras novas e de termos espantosos os tiram sempre de apuros. É preciso vê-los explicar a seu capricho os mistérios mais inexplicáveis. Revelam as causas da criação do mundo e da ordem maravilhosa que nele vemos reinar; mostram por que canais o pecado original passou para a posteridade dos primeiros pais; dizem-nos o momento, a maneira e os meios da formação do Cristo no seio da Virgem; fazem-nos tocar com o dedo os acidentes que subsistem sem substância no sacramento da eucaristia. Mas essas são apenas questões vulgares e repisadas. Eles se excitam quando se trata de agitar as seguintes questões importantes: *Houve um instante na geração divina? Devem-se reconhecer várias filiações no Cristo? Esta proposição,* Deus pai odeia seu filho, *é possível? Podia Deus fazer-se mulher, diabo, burro, abóbora, seixo, assim como se fez homem? Se se tivesse feito abóbora, como essa abóbora poderia pregar, fazer milagres, ser crucificada? O que São Pedro teria consagrado, se dissesse a missa quando o corpo de Jesus Cristo estivesse ainda pregado à cruz? Pode-se dizer que então Jesus era ainda homem? Será permitido beber e comer após a ressurreição?* Previdência admirável dessa brava gente, que pensa já em proteger-se da fome e da sede!

Há ainda uma série de parvoíces sutis bem mais finas que todas essas. São noções, relações, formalidades, quididades, ecceidades, coisas que só podem ser percebidas por quem tem olhos bastante bons para enxergar em meio a espessas trevas, o que não existe em parte alguma. E não é tudo: a moral deles é recheada de uma quantidade de sentenças tão paradoxais que, em comparação, os paradoxos dos estoicos são inoperantes. *Não é um crime tão grande,* dizem eles, por exemplo, *degolar mil homens quanto consertar o sapato de um pobre num domingo.* E ainda: *Seria preferível deixar perecer o universo e tudo o que ele encerra do que dizer a menor mentira.* – Todas essas sutilezas já tão sutis sutilizam-se ainda mais ao passar por todos os meandros de escola; seria mais fácil sair de um labirinto do que escapar das redes dos realistas, dos nominalistas, dos tomistas, dos albertistas, dos ockamistas, dos escotistas, enfim, de todas as seitas teológicas das quais nomeio aqui as principais. Todas têm um reservatório tão grande de erudição, possuem uma fonte tão fecunda de dificuldades, que os próprios apóstolos, se fossem obrigados a discutir com eles sobre todos esses assuntos, teriam necessidade de um espírito muito diferente daquele que receberam do alto.

São Paulo mostrou que tinha fé; mas quando ele disse: *A fé é a substância dos objetos que temos de esperar e a prova de tudo o que não passa pelos sentidos,* sua definição não é suficientemente doutoral. O santo apóstolo tinha uma caridade perfeita, mas a definição e a divisão que apresenta dessa virtude no capítulo XIII de sua primeira Epístola aos Coríntios peca contra as regras da lógica. Os apóstolos consagravam muito devotamente o pão da eucaristia; mas se os tivessem interrogado sobre os termos *a quo* e *ad quem*, sobre a transubstanciação, sobre a maneira pela qual o mesmo corpo pode existir simultaneamente em vários lugares diferentes, sobre a diferença que há entre o corpo de Jesus Cristo no céu, o corpo de Jesus Cristo na cruz e o corpo de Jesus Cristo no sacramento da eucaristia; se lhes perguntassem em que instante ocorre a transubstanciação e como pode ela fazer-se num instante, já que as palavras pelas quais se opera esse milagre formam uma quantidade discreta cujas partes se sucedem em diferentes instantes, eles certamente jamais teriam podido responder com a mesma sutileza dos escotistas[43], que dissertam sobre todas essas coisas com uma fecundidade maravilhosa, dando definições tão claras como o dia. Os apóstolos conheceram pessoalmente a mãe de Jesus; mas teria algum deles provado com tanta evidência quanto nossos teólogos modernos de que maneira essa casta mãe foi preservada da mancha do pecado original? São Pedro recebeu as chaves, e as recebeu daquele que sabia a quem as confiava; duvido, porém, que esse santo apóstolo tenha sido bastante sutil para pensar que essas chaves podiam tornar-se as chaves da ciência nas mãos de um ignorante. Os apóstolos batizavam em toda parte, no entanto jamais falaram da causa formal, material e final do batismo, jamais se preocuparam com o caráter delével ou indelével do mesmo. Eles adoravam a Deus, adoravam-no em espírito e em verdade, unicamente baseados nesta passagem do Evangelho: *Deus é espírito, e os que o adoram devem adorá-lo em espírito e em verdade.* Mas nada indica que alguma vez lhes tenha sido revelado que uma figura rabiscada a carvão numa parede, quando tem

---

43. Seguidores de João Duns Scotus (1265-1308), franciscano de origem escocesa que ficou conhecido pelo epíteto de *Doctor Subtilis*. (N.T.)

dois dedos estendidos, cabelos longos e a auréola brilhante de três raios sobre a cabeça, merece precisamente o mesmo culto e a mesma adoração que a pessoa do próprio Jesus. E acaso é possível saber essas coisas, a menos que se tenha passado trinta ou quarenta anos nas sublimes escolas de Aristóteles ou de Scotus? Os apóstolos nos falam a todo instante da graça, mas não explicaram em parte alguma a diferença que há entre a *graça gratuita* e a *graça gratificante*. Eles exortam as boas obras. Mas não estabelecem nenhuma diferença entre *opus operans* e *opus operatum*. Pregam em toda parte a caridade, mas não distinguem a *caridade infusa* da *caridade adquirida*; não nos dizem se essa virtude é um acidente ou uma substância, uma coisa criada ou uma coisa incriada. Detestam o pecado, mas quero morrer se alguma vez chegaram a dar uma definição científica do que se chama hoje pecado, a menos que fossem inspirados pelo espírito dos escotistas. De fato, nunca pude imaginar que São Paulo, o mais instruído de todo o grupo, teria condenado tantas vezes as questões, as discussões, as genealogias e, como ele mesmo diz, as disputas de palavras, se tivesse se exercitado em todas as sutilezas dos doutores de nossos dias. Há que reconhecer que as disputas teológicas do tempo dos apóstolos eram nada em comparação com as de hoje; pois vemos nossos veneráveis mestres ultrapassar em sutilezas o sofista Crisipo, o mais sutil argumentador da Antiguidade.

Admiremos, no entanto, a extrema modéstia de nossos teólogos. Se eles encontram casualmente nos apóstolos alguma passagem onde não veem suficiente exatidão e erudição, não a condenam categoricamente, contentam-se em explicá-la à maneira deles; moderação muito louvável que vem em parte de seu respeito pela Antiguidade, em parte de sua deferência pela dignidade de apóstolo. De fato, seria injusto exigir tão grandes coisas dos primeiros discípulos de Jesus, já que seu divino mestre jamais lhes disse uma só palavra a respeito. Se eles encontram as mesmas negligências e as mesmas faltas nos Crisóstomos, nos Basílios, nos Jerônimos, contentam-se então em escrever à margem: *Non tenetur, Isso não é aceito*. Os antigos doutores da Igreja tinham de combater os filósofos pagãos e os judeus, gente de índole muito opiniática; e o fizeram mais pela santidade de sua vida e por seus milagres do que por argumentos – conduta muito razoável para aqueles tempos, pois aqueles com quem tinham de lidar não eram bastante finos para compreender a menor sutileza de Scotus. Mas, atualmente, qual o pagão, qual o herege que não depõe imediatamente as armas à vista de tantas sutilezas penetrantes, a menos que seja bastante estúpido para não compreendê-las, bastante imprudente para zombar delas, ou, enfim, provido de raciocínios suficientemente capciosos para encarar a luta? Nesse último caso, seria como colocar um mágico à frente de outro mágico, ou como o combate de dois homens cujas armas seriam enfeitiçadas. Esse combate não avançaria mais do que o tecido de Penélope[44].

Em minha opinião, os cristãos fariam muito bem, em vez daquelas tropas de soldados lerdos e grosseiros que não fizeram grandes maravilhas nas últimas Cruzadas, em enviar contra os turcos e os sarracenos os escotistas declamadores, os ockamistas obstinados, os albertistas invencíveis e todo o exército temível dos sofistas. Ver-se-ia então o mais divertido dos combates e a mais singular das vitórias. Qual o homem bastante frio para não se inflamar à vista de suas disputas por picuinhas? Qual o mortal bas-

---

44. Quando Ulisses partiu para a Guerra de Troia e demorou-se para voltar (o que custou vinte anos para acontecer), Penélope, sua mulher, passou a ser cortejada por muitos pretendentes. Pressionada a casar-se com um deles, declarou que comunicaria sua escolha quando terminasse a mortalha que estava tecendo para o velho Laertes, rei de Ítaca e pai de Ulisses. Durante três anos, Penélope teceu de dia e desfez todo o trabalho à noite, postergando sua decisão. (N.E.)

tante estúpido para não ser excitado por suas ferroadas? Que inimigo teria olhos bastante bons para ver claro em meio às trevas espessas que eles espalham em toda parte a seu redor?

Talvez pensareis que o que digo aqui é apenas um gracejo. Eu não ficaria surpresa, pois sei que há, mesmo entre os teólogos, homens mais instruídos a quem essas disputas frívolas e ridículas de escola provocam náuseas. Há os que consideram como sacrilégios, e que tratam como horríveis impiedades todos esses discursos cheios de irreverência sobre mistérios impenetráveis que os cristãos deveriam contentar-se em adorar em silêncio, todas essas disputas profanas e essas sutilezas pagãs, todas essas definições presunçosas, todas essas palavras e sentenças frias, insípidas e, muitas vezes até, vis e repulsivas, com as quais se rebaixa diariamente a majestade da teologia. Mas nada disso impede nossos sutis argumentadores de se admirarem, de aplaudirem a si próprios e de se acreditarem os mais felizes de todos os homens. Ocupados dia e noite com essas deliciosas mesquinharias, não têm um instante livre para percorrer, uma única vez na vida, o Evangelho ou as Epístolas de São Paulo. Quando, em suas escolas, agitam essas questões minuciosas, acreditam apoiar tão solidamente a Igreja universal sobre seus frágeis silogismos quanto os poetas apoiaram o céu sobre os ombros de Atlas, e estão convencidos de que ela desabaria incontinenti se lhe recusassem seu maravilhoso amparo.

Que prazer sentem eles quando a Sagrada Escritura, como a cera derretida de uma vela, muda de forma ao sabor de seus desejos! Que volúpia quando exigem que acateis suas decisões com tanto respeito como as leis de Sólon[45], e que as coloqueis à frente dos decretos pontifícios, porque foram aprovadas por alguns pedantes como eles!

---

45. Sólon (640-558 a.C.): legislador e poeta ateniense. Foi responsável por diversas medidas, mas seu nome é diretamente vinculado com a reforma social e política que possibilitou o desenvolvimento de Atenas. (N.E.)

Que triunfo quando, erigindo-se em censores do gênero humano, obrigam à retratação todos os que tiveram a infelicidade de propor alguma coisa que se afasta o mínimo que seja de suas conclusões implícitas ou explícitas! É então que os ouvis bradar com segurança, como se suas palavras fossem oráculos: *Esta proposição é escandalosa; esta outra é temerária; esta aqui cheira a heresia; esta última é incorreta*; de modo que nem o batismo, nem o Evangelho, nem São Paulo, nem São Pedro, nem São Jerônimo, nem Santo Agostinho, nem mesmo São Tomás, o arquiperipatético, saberiam formar um cristão a menos que nossos bacharéis o consintam, tamanha a sutileza de seu julgamento! Quem poderia imaginar como não cristão, por exemplo, afirmar que estas duas proposições: *Urinol, fedes* e *O urinol fede*, ou então: *Marmita, cozinhas* e *A marmita cozinha*[46] são igualmente boas, se esses sábios doutores não nos tivessem ensinado isso? Quem teria livrado a Igreja de tantos erros funestos, se o grande selo de nossos doutores, aposto a suas sentenças, não tivesse ensinado ao público a existência dessas proposições que talvez jamais fossem lidas sem a condenação pronunciada contra elas? Todas essas belas coisas não tornam os teólogos os mais felizes dos homens?

Que prazer não sentem eles, ainda, quando fazem uma descrição tão exata do inferno e de tudo que o encerra, como se lá tivessem passado vários anos! quando, criando a seu capricho novos céus, forjam esse vasto e magnífico Empíreo, a fim de que as almas dos bem-aventurados tenham um lugar onde possam passear à vontade, fazer festins e jogar bola! Enfim, a cabeça desses grandes doutores está tão cheia dessas tolices que penso, em verdade, que a de Júpiter não o estava mais quando, querendo dar à luz Palas,

---

46. Um monte declarara que as duas sentenças "Sócrates, tu corres" e "Sócrates corre" eram igualmente certas e perfeitas, mas a universidade de Oxford condenou-o. (N.E.)

que ele concebera em seu cérebro, implorou o machado de Vulcano para tirá-la dali. Não vos surpreendais, portanto, se, nas disputas públicas, eles têm a cabeça enrolada em tantos panos; sem essa precaução, vê-la-íamos romper-se e saltar em mil pedaços.

Eu mesma não posso às vezes deixar de rir quando os vejo julgarem-se verdadeiros teólogos, sobretudo porque o jargão que utilizam chegou ao último grau de baixeza e de barbárie; ou quando os ouço balbuciar frases tão obscuras e confusas que somente pessoas como eles são capazes de compreender alguma coisa. Pois veem como algo muito espiritual tudo o que o vulgo não consegue compreender. Julgam que seria rebaixar a dignidade da teologia submetê-la às regras da gramática; e assim arrogam-se o direito de pecar a todo instante contra a pureza da linguagem – admirável prerrogativa que esses veneráveis doutores compartilham com a mais vil gentalha! Enfim, acreditam-se quase semelhantes aos deuses, sempre que as pessoas os cumprimentam com uma espécie de veneração religiosa, chamando-os *Senhores Mestres*, título no qual julgam ver algo tão imponente como no nome inefável de Jeová, pelo qual os judeus tinham tanta adoração. É por isso que consideram um crime escrever o título temível de Nosso Mestre a não ser com letras maiúsculas, e estão mesmo convencidos de que, se alguém resolvesse mudar, em latim, a ordem das duas palavras, escrevendo *Noster Magister* em vez de *Magister Noster*, cometeria, por essa inversão sacrílega, um crime de lesa-majestade teológico.

Vejamos agora pessoas que faço quase tão felizes como os teólogos, e que são os comumente chamados religiosos ou monges, embora os dois nomes não lhes convenham de modo algum, pois talvez não haja ninguém com menos religião que a maior parte desses pretensos religiosos, e porque topamos em toda parte com esses monges que deveriam ser solitários. Haveria algo de mais miserável que essa espécie de gente, se eu não disfarçasse de mil maneiras distintas, aos olhos deles próprios, a torpeza e a baixeza de seu estado? Abominados onde quer que estejam como animais sinistros, encontrar um deles é tido como de mau agouro; apesar disso, admiram-se como pessoas extraordinárias. Persuadidos de que a piedade suprema consiste na mais crassa ignorância, consideram uma glória não saber nem mesmo ler. Quando, em suas igrejas, zurram com um ar estúpido os salmos que não compreendem, julgam que Deus, os anjos e todos os santos do paraíso têm o maior prazer de ouvi-los. Há alguns que, orgulhosos de sua imundície e de sua miséria, vão de porta em porta pedir esmola, com uma arrogância e um descaramento extremos. Albergues, carruagens, embarcações, vemo-los em toda parte; em toda parte assediam as pessoas e, à força de importunidades, arrancam esmolas das quais privam os verdadeiros pobres. Tais são os ilustres personagens que, por sua sujeira, sua ignorância, sua grosseria e sua impudência, pretendem reconstituir a vida dos apóstolos.

Há algo mais divertido que as práticas minuciosas que regulam suas ações com uma espécie de exatidão matemática, e cuja violação é um crime a ser expiado? O número de nós que prendem o calçado, a cor e a largura do cinto, a tonalidade do hábito, o tecido com que ele deve ser feito, a forma e o tamanho preciso do capuz, o diâmetro exato da tonsura, o número de horas destinadas ao sono, tudo é determinado, medido, fixado. Imaginai os belos efeitos que essa uniformidade deve produzir sobre espíritos e corpos tão diferentes entre si! No entanto, é por essas ninharias que eles fazem pouco caso dos religiosos seculares, havendo mesmo um grande desprezo de uns pelos outros. Um cinto um pouquinho diferente, um hábito de uma cor mais escura é o bastante para suscitar as disputas mais sangrentas entre homens que professam exercer a caridade dos apóstolos. Alguns levam o espírito de penitência ao ponto de vestir hábitos de pano comum e grosseiro, mas têm sobre a pele as camisas mais finas. Outros, ao contrário, vestem camisas por cima e hábitos de lã por baixo. Há os que têm horror do dinheiro e prefeririam tocar uma serpente venenosa do que uma simples moeda; mas os bons padres não são tão escrupulosos quando se trata de vinho ou mulheres. Com que zelo cada grupo de monges não busca distinguir-se dos outros! Seu maior desejo não é assemelharem-se a Jesus Cristo, mas não se assemelharem entre si. É também nos nomes que se deram que reside uma parte da felicidade deles. Uns se orgulham de ser chamados frades franciscanos, e esses franciscanos dividem-se em recoletos, menores, mínimos ou capuchinhos. Depois vêm os beneditinos, os bernardinos, os de santa Brígida, os agostinianos, os guilherminos, os jacobinos. E todos fazem desses nomes uma glória, como se lhes fosse muito pouco ser chamados simplesmente cristãos.

A maioria desses homens têm tanta confiança em suas cerimônias e pequenas tradições humanas que estão convencidos de que um paraíso é pouco para recompensá-los de uma vida passada na observância dessas coisas. Eles não pensam que Jesus Cristo, desprezando tais práticas vãs, lhes perguntará se observaram o grande preceito da caridade, sobre o qual está fundada a lei que deu aos homens. Um mostrará sua barriga cheia de toda espécie de peixes; outro, a lista dos salmos recitados a tantas centenas por dia; um terceiro fará uma longa enumeração dos jejuns e contará quantas vezes sua barriga esteve a ponto de rebentar por ter feito só uma refeição na jornada; este produzirá tal quantidade de cerimônias e de práticas supersticiosas, que sete grandes navios não seriam suficientes para transportá-las; aquele se orgulhará de nunca ter tocado em dinheiro, durante sessenta anos, sem antes proteger os dedos com uma luva forrada; outro mostrará seu hábito tão sujo e imundo que o último dos marujos teria vergonha de vesti-lo; outro se enaltecerá de ter vivido mais de cinquenta anos sempre preso ao mesmo claustro, como uma esponja à sua pedra; estes dirão que ficaram roucos de tanto cantar; aqueles, que a solidão os deixou estúpidos ou que o silêncio lhes embotou a língua. Mas Jesus Cristo, interrompendo enfim essa série inesgotável de presunções, dirá: "Que nova espécie de judeus é essa? Dei somente uma lei aos homens, é a única que reconheço, e a única da qual essa gente não me fala. Não foi a hábitos, orações, abstinências, dietas contínuas que prometi outrora o reino de meu Pai, mas ao exercício de todos os deveres da caridade – e expliquei-me então claramente e sem parábola. Não reconheço essa gente que se gaba de suas boas obras e quer parecer mais santa que eu. Que vão procurar outro paraíso diferente do meu, que o peçam àqueles cujas vãs tradições preferiram seguir em vez de minha lei!" Quando ouvirem essa sentença e virem que são preteridos por marujos e carroceiros, com que cara imaginais que se olharão uns aos outros? Mas até lá eles continuam gozando da felicidade proporcionada pelas doces esperanças que lhes inspiro.

Embora as diferentes seitas de monges sejam corpos à parte, inteiramente separadas das Repúblicas, ninguém é bastante ousado para desprezá-las. Os frades mendicantes, sobretudo, são pessoas que nunca seria demais tratar com deferência, pois a confissão lhes abre todos os segredos das famílias. É verdade que julgariam cometer um grande crime revelando-os, mas esse escrúpulo desaparece facilmente quando, em meio a uma festa báquica, querem animar a conversa com alguma história divertida; não temem então vos designar pelas circunstâncias e os detalhes menos equívocos; o único favor que fazem é não vos nomear abertamente. Se por acaso alguém tem a ideia de irritar esses perigosos zangões, é preciso ver como se vingam em seus sermões, como designam seu inimigo por palavras encobertas, mas ao mesmo tempo tão claras que só mesmo um estúpido para não compreendê-las! Enfim, esses cérberos não cessam de latir, até que lhes tenham lançado uma boa posta de carne.

Dizei-me, peço-vos, há algum comediante, há algum charlatão de praça pública que escuteis com tanto prazer quanto um monge no púlpito? Como não morrer de rir vendo os frades arremedarem os preceitos da eloquência? Ó céus! que gesticulações! que inflexões de voz cômicas e ridículas! que ganidos! que bazófias! Com que versatilidade não mudam a todo instante a expressão do rosto! Com que força não emitem gritos que ressoam nas abóbadas! Essa bela eloquência é entre eles um grande segredo, que passa misteriosamente de frade a frade. Seguramente não me cabe ser iniciada em mistérios dessa importância, eu vos direi apenas o resultado de minhas pobres conjeturas.

Em primeiro lugar, eles começam geralmente seus sermões por uma invocação, e nisto imitam os poetas. Depois, num longo e pomposo exórdio, vos falarão do Nilo, num discurso sobre a caridade; sob os auspícios de Baal, o famoso dragão da Babilônia, começarão uma explicação do mistério da cruz; falarão das doze figuras do Zodíaco, para vos preparar a ouvir um sermão sobre o jejum; ou então dissertarão longamente sobre a quadratura do círculo, para vos falar em seguida da fé.

Eu mesma ouvi um desses ilustres loucos... perdão, eu quis dizer um desses ilustres doutores: ele ia explicar o mistério da Santíssima Trindade perante um ilustre auditório. Para mostrar que sua ciência não era vulgar, e para satisfazer ao mesmo tempo os ouvidos teológicos, procedeu de uma maneira completamente nova. Falou primeiro das letras do alfabeto, das sílabas que compõem as palavras e das palavras que compõem o discurso; depois, disse de que maneira o nome deve harmonizar-se com o verbo, o substantivo com o adjetivo. A maioria dos ouvintes estavam espantados, alguns até murmuravam em voz baixa este verso de Horácio:

Quorsum haec tam putida tendunt? (Qual pode ser o objetivo de tais tolices?)

Por fim, ele conseguiu demonstrar que os princípios da gramática são uma imagem fiel do mistério da Santíssima Trindade, como não o faria de forma mais clara e evidente o maior geômetra com todas as suas figuras. Esse sublime doutor esfalfara-se durante oito meses para compor essa obra-prima arquiteológica, e agora está mais cego que uma toupeira: nos esforços de gênio que foi obrigado a fazer, seu espírito consumiu toda a sutileza de sua visão. Aliás, ele não se incomoda em absoluto de estar cego: acredita que a perda da visão não é um preço bastante caro para a glória imortal que conquistou.

Escutei um outro igualmente divertido; era um velho octogenário, teólogo da cabeça aos pés, e tão teólogo que o teriam tomado por Scotus ressuscitado. Explicando um dia o mistério do nome de Jesus, ele demonstrou com maravilhosa sutileza que tudo o que se pode dizer do divino Salvador está oculto nas letras de seu nome. "De fato, dizia, o nome de Jesus em latim tem apenas três casos, o que designa claramente as três pessoas da Santíssima Trindade. Observai, além disso, que o nominativo termina em *S*, *JesuS*, o acusativo em *M*, *JesuM*, e o ablativo em *U*, *JesU*. Ora, essas três terminações, *S*, *M*, *U*, encerram um mistério inefável; pois, sendo as primeiras letras das três palavras latinas *Summum* (zênite), *Medium* (centro) e *Ultimum* (nadir), elas significam claramente que Jesus é o princípio, o centro e o fim de todas as coisas." Restava ainda um mistério bem mais difícil de explicar que todos esses, mas nosso doutor encontrou uma solução inteiramente matemática. Ele dividiu a palavra Jesus em duas partes iguais, de maneira que a letra *S* ficou sozinha no meio. "Essa letra *S*, disse em seguida, que suprimimos do nome de Jesus, chama-se *Syn* entre os hebreus; ora, *Syn* é uma palavra escocesa que, ao que eu saiba, significa *pecado*. Isso nos mostra então claramente que foi Jesus que tirou o pecado do mundo." Todos os ouvintes, sobretudo os teólogos, atentos a um exórdio tão maravilhoso, estavam paralisados de admiração; por pouco não teriam se transformado em pedra, como outrora Níobe[47], depois que Apolo matou seus filhos. Quanto a mim, estive a ponto de fazer o que fez Príapo, segundo Horácio, quando, para sua infelicidade, foi obrigado a testemunhar os feitiços noturnos de Canídia e de Ságana[48]. Havia razão para isso, em verdade! Pois ouviu-se alguma vez falar, entre os gregos e os latinos, de um discurso dessa espécie? Oferecem-nos Demóstenes e Cícero exemplos dessa sutileza? Esses grandes homens eram censurados quando começavam seus discursos por um exórdio que não tinha relação com o assunto; não se pensava, então, que nada é tão comum quanto esse tipo de exórdios, e que a natureza os inspira ao mais rústico dos vaqueiros. Mas nossos sábios doutores são bem mais esclarecidos; julgam que esses preâmbulos, como os chamam, são obras-primas de eloquência quando neles nada se pode perceber que os ligue ao resto do discurso, e quando o ouvinte, cheio de espanto e de admiração, pergunta a si próprio: *Onde ele quer chegar?*

Em terceiro lugar, eles vos relatam, em forma de narração, alguma passagem do Evangelho, que explicam às pressas e como de passagem, sem pensar que é unicamente nessa explicação que deveria consistir todo o discurso. Em quarto lugar, mudam repentinamente de personagem e levantam uma questão teológica que às vezes não convém

---

47. Níobe casara-se com o rei de Tebas, Anfião, e tivera muitos filhos (entre cinco e vinte), dos quais se orgulhava. Gabou-se de ter superado Leto em matéria de progenitura, pois esta tivera apenas Apolo e Artêmis. Estes castigaram-na, matando, Apolo, seus filhos homens, e Artêmis, as moças. Em uma das versões do mito, Zeus teria se condoído da dor infinita de Níobe e a teria transformado em pedra. (N.E.)

48. Horácio diz que Príapo, o deus dos jardins, ficou tão assustado com as cerimônias dessas duas feiticeiras que soltou um peido. (N.E.)

em absoluto ao tema principal, e isso é também chamado uma maravilha da arte. É aqui que nossos monges, ostentando enfim o orgulho teológico, fazem ressoar a nossos ouvidos os títulos pomposos que dão a seus doutores: doutores solenes, doutores sutis, doutores sutilíssimos, doutores seráficos, doutores santos, doutores infalíveis. É aqui que despejam uma quantidade de silogismos, de premissas maiores, menores, de conclusões, de corolários, de suposições e outras impertinências escolásticas que empregam para deslumbrar o vulgo ignorante. Chegando enfim ao quinto ato da comédia em que deve brilhar todo o talento do artista, eles vos relatam um conto absurdo e ridículo tirado do *Espelho histórico* ou das *Gestas dos romanos*, remendando-o e interpretando-o *alegoricamente, tropologicamente, anagogicamente*, e concluem assim seu discurso – quimera mil vezes mais monstruosa que a que Horácio descreveu no começo de sua *Arte poética*.

Não é tudo. Eles ouviram dizer não sei onde que o começo de um discurso deve ser pronunciado tranquilamente e sem elevar muito a voz. O que fazem? Pronunciam em voz tão baixa as primeiras frases do exórdio que eles próprios mal conseguem ouvi-las; como se fosse uma precaução essencial falar de maneira a não ser ouvido por ninguém! Disseram-lhes também que as exclamações são às vezes de grande valia para agitar as paixões; e quando menos se espera, elevam de repente a voz e berram como condenados, em momentos em que isso não era necessário. Seríamos tentados a administrar-lhes, como aos doidos, uma dose de heléboro, pois gritar para adverti-los seria esforço inútil. Eles sabem ainda que o discurso deve inflamar-se imperceptivelmente e por graus; assim, nunca deixam, depois de recitado ao acaso o começo de cada parte do sermão, de assumir repentinamente um tom veemente, mesmo para dizer as coisas mais frias e insípidas, e de concluir como se fossem entregar a alma. Por fim, ensinaram-lhes que os mestres da retórica falam da facécia, e querem também animar seus sermões com alguns traços divertidos. Mas, em verdade, gracejam de forma tão inoportuna e com tão pouca graça como burros que quisessem tocar lira. Também resolvem às vezes ser cáusticos, porém afagam mais do que ferem, e nunca adulam melhor seus ouvintes do que quando fingem dizer livremente a verdade e bradar contra os costumes. Em suma, quem os vê e os ouve declamar seus discursos juraria que eles tomaram por mestres os charlatães das feiras, que no entanto os superam em muito; de resto, a eloquência de uns e de outros é tão parecida que todos concordarão necessariamente que ou os monges a aprenderam dos charlatães, ou os charlatães a aprenderam dos monges.

Apesar de tudo isso, e graças a mim, eles não deixam de encontrar admiradores. Há pessoas que, toda vez que assistem a seus sermões, julgam ouvir Cícero ou Demóstenes. Tais são, sobretudo, os mercadores e as mulheres. Assim os monges dedicam-se unicamente a agradá-los, pois sabem que, adulando os mercadores, sempre podem obter uma pequena parte de uma riqueza mal-adquirida. Quanto às mulheres, elas têm uma infinidade de razões para gostar dos monges; mas a principal, sem dúvida, é que costumam desafogar nos ouvidos desses bons padres todos os descontentamentos secretos causados pelos maridos. Percebeis, por certo, que essa gente deveria ser muito grata a mim, pois, não tendo outro mérito do que exercer uma espécie de tirania sobre o povo por suas práticas supersticiosas, cerimônias ridículas e reprimendas contínuas, julga-se no entanto tão grande quanto os Paulos e os Antônios.

Mas deixemos de lado essa quantidade de histriões, que mostram tanta ingratidão dissimulando meus benefícios quanta perversidade exibindo as aparências de uma piedade fingida.

Discorramos um pouco sobre os reis e os príncipes, que me honram quase todos com a melhor fé do mundo, e falemos abertamente dessa gente que segue abertamente minhas leis. Se os soberanos tivessem um pingo de bom-senso, não seria sua condição a mais triste e infeliz de todas as condições? Haveria um único homem que pensasse que uma coroa merece ser comprada pelo perjúrio ou o parricídio, se ele considerasse a responsabilidade que impôs a si próprio quem quer cumprir à risca todos os deveres de um bom príncipe? De fato, um homem que se encarregou de governar uma nação renunciou aos próprios interesses para consagrar sua vida aos da República. Ocupado incessantemente com a felicidade do povo, ele deve mostrar uma submissão escrupulosa às leis, ele que reúne em sua pessoa o poder *legislativo* e o poder *executivo*: deve responder pela integridade dos ministros e dos magistrados; pensar que, estando exposto aos olhos de todos, pode, pela sabedoria de sua conduta, assemelhar-se a um astro benfazejo cujas doces influências espalham a felicidade na terra, ou então, como um cometa funesto, semear por toda parte a desolação e a morte. Ele deve saber que os vícios dos particulares mal se notam na multidão, e seus efeitos não são tão funestos; mas que um príncipe, por sua elevação, está situado de maneira que a menor falta contra seu dever torna-se uma fonte envenenada que espalha a desgraça entre os súditos. O nascimento, os prazeres, a liberdade, a adulação, o luxo e mil outras coisas associadas à condição dos reis os desviam geralmente de seu dever; que coragem, então, não deve ter o que decidiu cumpri-lo! Com que atenção não deve vigiar-se para não ser seduzido pelas sereias enfeitiçadoras que buscam a todo instante extraviá-lo! E, sem falar das emboscadas, dos ódios e outros perigos que ameaçam continuamente os dias de um bom príncipe, não deve ele pensar que em breve prestará contas, ao Rei dos reis, de toda a sua conduta, exigência tanto maior quanto mais extenso o império que lhe foi confiado? Sim, se todos os príncipes fizessem essas reflexões, e as fariam se fossem sábios, não creio que pudessem desfrutar em toda a sua vida um único instante de repouso e de prazer. Mas tenho o cuidado de afastar de todos eles essas inquietações tristonhas, e sou eu que lhes inspiro confiar aos deuses os cuidados de seu império. Mergulhados na indolência e nos prazeres, eles evitam tudo o que pode suscitar em sua alma preocupações e inquietudes, e só admitem em seu convívio os que sabem adulá-los sempre com palavras agradáveis. Acreditam cumprir perfeitamente os deveres da realeza, saindo todos os dias a caçar, adquirindo cavalos soberbos, vendendo a seu proveito cargos e empregos, imaginando diariamente novos meios para diminuir e fazer passar aos cofres públicos os bens dos súditos. É verdade que nisto não agem sem alguma precaução: encontram mil pretextos para autorizar suas afrontas e dar uma aparência de justiça às coisas mais injustas do mundo, e nunca deixam de adular um pouco o povo que espoliam, a fim de conquistar seu afeto de alguma maneira.

Imaginai agora um desses príncipes, como acontece às vezes, sem conhecimento das leis, sem amor pelo bem público, unicamente ocupado com os próprios interesses, mergulhado em toda espécie de volúpias, inimigo da liberdade, da verdade e das ciências, relacionando tudo a suas paixões e à sua utilidade particular, pensando em tudo menos na salvação da República. Colocai nesse homem uma gargantilha de ouro, símbolo de todas as virtudes reunidas; ornai sua cabeça com uma coroa resplandecente de pedras preciosas, destinada a lembrar-lhe que ele deve destacar-se entre todos os homens pelo brilho das virtudes heroicas; ponde em suas mãos um cetro, símbolo sagrado da justiça e da integridade incorruptível; enfim, vesti-o de púrpura, que designa o amor ardente que um soberano deve ter pelo povo. Que tal príncipe compare a seguir sua conduta com todas essas marcas de dignidade, e muito me engano se ele não se envergonhará de usar esses ornamentos e se não temerá que algum gracejador mordaz ridicularize toda essa vestimenta teatral.

Que direi então dos cortesãos, desses homens que, sendo em sua maioria os mais baixos, os mais vis, os mais submissos e os mais tolos de todos os escravos, querem fazer-se passar pelas mais maravilhosas das criaturas? Há que reconhecer-lhes, porém, um ponto no qual são os mais modestos de todos os homens: contentando-se em enfeitar-se de ouro, púrpura e pedrarias, eles confiam aos outros o cuidado de exercer as virtudes que esses símbolos representam. Acreditam não haver felicidade maior do que quando dizem: *O rei, meu senhor*; quando sabem fazer uma breve saudação e distribuir oportunamente os títulos pomposos de *Majestade, Alteza, Excelência*; quando aprenderam a não mais corar por coisa alguma e possuem a arte de adular com elegância. Pois são essas as ciências que convêm aos cortesãos e às pessoas distintas. De resto, se examinais um pouco mais detalhadamente sua vida, encontrareis homens tão crédulos e estúpidos quanto os feácios, tão devassos como os amantes de Penélope.

Dormem até o meio-dia. Ao despertar, um padreco doméstico, que só aguardava esse momento, murmura-lhes bem depressa uma missa, que eles ouvem de roupão. Segue-se o desjejum, e logo o almoço. Depois, os jogos de cartas, dados, xadrez, os divertimentos com palhaços, bufões, cortesãs, os gracejos, as zombarias e uma pequena refeição de tempo em tempo preenchem toda a tarde. Chega a hora do jantar, eles põem-se à mesa, saem dela, e sabe-se lá quantos brindes farão até a hora de deitar. Eis como passam, sem a menor inquietação, as horas, os dias, os meses, os anos, a vida inteira. Eu mesma, quando estou na Corte, fico às vezes admirada com a vaidade ridícula desses cortesãos. Aqui, um grupo de ninfas, que se julgam outras tantas divindades, medem seu mérito e sua graça pelo comprimento da cauda de seus vestidos; ali, um fidalgo obsequioso abre a cotovelo o caminho entre a multidão, a fim de ser notado junto ao príncipe; outro empertiga-se com ar de satisfação, pois traz ao pescoço uma corrente de ouro muito pesada, a fim de mostrar com isso ao mesmo tempo sua força e sua opulência.

Mas os príncipes não são os únicos que levam essa vida agradável: os papas, os cardeais e os bispos vêm há muito se esforçando para imitá-los, e pode-se dizer que conseguiram superá-los. Que triste vida levaria um bispo, se resolvesse pensar que a sobrepeliz que veste, de um branco reluzente, o adverte a ter uma conduta impecável; que a mitra que lhe cobre a cabeça, e cujas duas pontas estão ligadas por um único nó, significa que deve reunir dentro dele a ciência do Antigo e do Novo Testamento; que as luvas em suas mãos mostram que estas devem ser puras e isentas do contágio do mundo na administração dos sacramentos; que seu báculo é o símbolo do cuidado contínuo que deve ter com o rebanho que lhe foi confiado, e sua cruz, o signo da vitória que deve ter conquistado sobre as paixões! Todas essas reflexões e outras da mesma espécie não oprimiriam o pobre prelado com inquietações e desgostos? Os bispos de hoje não são tão bobos; pensam em *apascentar-se* eles mesmos, deixando a Jesus, aos vigários e aos monges mendicantes o cuidado de apascentar seu rebanho; esquecendo facilmente que a palavra *bispo* significa *trabalho, solicitude, vigilância*, mas lembrando-se muito bem disso quando se trata de arrecadar dinheiro.

Os cardeais estariam no mesmo caso, se considerassem que, sendo os sucessores dos apóstolos, são obrigados a viver como eles viveram, se se convencessem de que são apenas os distribuidores e não os donos dos bens eclesiásticos, e que em breve prestarão contas do emprego que deles tiverem feito. Enfim, se suas Eminências, refletindo um pouco sobre seus ornamentos pontifícios, dissessem a si mesmas: "Que significa a brancura dessa sobrepeliz, senão uma inocência perfeita e uma pureza de costumes a toda prova? Que querem dizer a batina púrpura e o manto da mesma cor que se estende em longas dobras aos pés da Eminência, cobrindo sua mula, em viagem, e que eventualmente cobriria até um camelo? Não designa a primeira uma caridade ardente para com Deus? E a segunda, a caridade para com o próximo, estendendo-se ao longe para ser útil a todos, isto é, para ensinar, exortar, repreender, corrigir, para apaziguar o furor das guerras, resistir aos maus príncipes, sacrificar com prazer suas riquezas e sua própria vida pelo bem da Igreja? Que digo, suas riquezas? Os sucessores dos pobres apóstolos deveriam ter alguma?" Um prelado convencido dessas verdades não ambicionaria mais a perigosa dignidade de cardeal, deixá-la-ia com prazer após ter sido elevado a ela, ou levaria uma vida cheia de cuidados, de inquietudes e trabalhos, em uma palavra, uma vida apostólica.

Os papas, que são os vigários de Jesus Cristo na terra, não levariam também a vida mais triste e desagradável, se resolvessem seguir as pegadas do divino Salvador? Se procurassem imitar sua pobreza, seus trabalhos, sua doutrina, seus sofrimentos e seu desprezo pelas coisas deste mundo? Se pensassem que a palavra *papa* significa *pai*, e que o título de *santíssimo* com que são honrados os adverte a serem dignos dele? Depois dessas reflexões, qual o homem que sacrificaria sua riqueza para comprar um cargo tão difícil de cumprir, ou empregaria o ferro, o veneno e todo tipo de violências para conservá-lo após tê-lo adquirido? De que prazeres e comodidades não se privariam subitamente os papas, se um dia se dessem conta de terem sabedoria (que digo, sabedoria?), se tivessem um único grão daquele sal de que fala Jesus Cristo? Em troca de tantas riquezas, honrarias, poder, vitórias, cargos, dignidades, empregos, impostos, graças, indulgências, cavalos, guardas e volúpias de toda espécie, teriam apenas uma triste sucessão de vigílias, jejuns, lágrimas, preces, sermões, estudos, suspiros e mil outras misérias semelhantes. E o que seria de tantos escribas, copistas, notários, advogados, promotores, secretários, almocreves, palafreneiros, banqueiros, alcovi... (quase deixo escapar uma palavra atrevida; não firamos os ouvidos castos)? Toda essa gente tão onerosa... tão honorável, quis dizer, para a corte de Roma, seria reduzida a morrer de fome. Seria um grande mal! Mas muito mais inumano, muito mais horrível e abominável ainda seria querer reduzir os próprios príncipes da Igreja, essas *verdadeiras luzes do mundo*, à sacola e ao bastão de mendigos. Não temamos essa infelicidade para nossos santos Padres. Eles deixam a São Pedro e a São Paulo, que têm tempo de sobra, os esforços e os trabalhos do papado, e guardam para si as honrarias e os prazeres que hoje cercam a Santa Sé apostólica.

Ora, sou eu que faço que os santos pontífices sejam aqueles de todos os homens que levam a vida mais folgada e voluptuosa, com o mínimo de inquietudes e dissabores; sou eu que os convenço de que Jesus Cristo tem motivos de estar contente com eles quando, vestidos com seus hábitos místicos e, por assim dizer, dramáticos, desempenham o papel de pastores da Igreja, fazendo uma série de pequenas cerimônias, qualificando-se de Beatitude, de Reverência, de Santidade, enfim, espalhando sobre a terra todo tipo de bênçãos e de maldições. Quereríeis que um papa fizesse milagres como nos velhos tempos e nos trouxesse de volta essa moda ultrapassada? Que se fatigasse instruindo o povo? Que explicasse a Sagrada Escritura como um pedante? Que rezasse como um homem que tivesse apenas isso a fazer? Que tivesse a fraqueza de chorar como uma mulher ou como um miserável, e a baixeza de viver na miséria como um indigente? Quereríeis que um homem que mal consente admitir aos maiores reis do mundo a honra de beijar-lhe os pés, tivesse a baixeza de curvar-se a alguém? Quereríeis, enfim, que se expusesse de bom grado a uma morte desagradável e se fizesse crucificar como um celerado? Arre! isso seria indigno. Os papas de hoje têm o cuidado de afastar para bem longe essas misérias e conservam apenas aquelas armas e aquelas doces bênçãos de que fala São Paulo. Assim, eles não são de modo algum avarentos. É preciso ver com que generosidade distribuem as interdições, as suspensões, os gravames, os anátemas e as pinturas onde aparecem os excomungados sendo atormentados pelos diabos; é preciso ver com que caridade lançam essa excomunhão terrível que num instante envia vossas pobres almas cem léguas mais longe que o inferno – raio terrível que esses santíssimos Padres em Jesus Cristo, esses bondosos vigários do Salvador do mundo, lançam com mais furor ainda contra os temerários que, por instigação do diabo, resolvem dilapidar o patrimônio de São Pedro! Embora esse apóstolo diga no Evangelho a seu divino mestre: *Abandonamos tudo para te seguir*, os papas afirmam que ele tem um patrimônio que consiste em terras, cidades, impostos e principados; e quando, animados de um zelo verdadeiramente cristão, lutam a ferro e fogo por esse patrimônio, quando seus braços paternos e sagrados fazem correr por toda parte o sangue dos cristãos, é então que, satisfeitos de abater esses infelizes que chamam de inimigos da Igreja, eles se orgulham de combater por ela e de defender essa esposa de Jesus Cristo com uma coragem inteiramente apostólica. Em verdade, eles não pensam que os mais funestos inimigos da Igreja são os maus papas que, por seu silêncio, fazem Jesus Cristo ser esquecido, que traficam vergonhosamente com suas graças, corrompem sua doutrina por interpretações forçadas e a destróem inteiramente pelo exemplo contagioso de seus desregramentos abomináveis.

Como a Igreja de Jesus Cristo foi estabelecida pelo sangue, confirmada pelo sangue, aumentada pelo sangue, eles creem que é preciso também derramar sangue para governá-la e defendê-la – como se Jesus Cristo não existisse mais, ou não fosse mais capaz de proteger os seus como sempre o fez! Eles sabem que a guerra é uma coisa tão cruel que convém mais aos animais ferozes que aos homens; tão furiosa que as próprias Fúrias, segundo os poetas, a vomitaram sobre a terra; tão funesta que arrasta consigo as desordens mais terríveis; tão injusta que geralmente é estimulada pelos mais infames bandidos; tão ímpia que é inteiramente contrária a Jesus Cristo; no entanto, esses vigários de um Deus de paz negligenciam qualquer outra ocupação para se entregar inteiramente a essa arte abominável. Veem-se às vezes velhos decrépitos[49] demonstrar nessas guerras um vigor de homem jovem, gastar quantias imensas para sustentá-las, expor-se com um ardor infatigável a todos os trabalhos que elas exigem, subverter sem escrúpulo as leis, a religião, a paz, e tornar-se enfim os flagelos do gênero humano. Acreditariam que há aduladores sagazes que ousam dar a essa fúria evidente os belos nomes de zelo, de piedade e de coragem, e que empregam toda a sutileza de seu espírito para provar que quem saca a espada e a enterra no peito do irmão pode no entanto conservar, no coração, aquela caridade perfeita para com o próximo que Jesus Cristo tanto recomendou a seus discípulos?

Chego mesmo a duvidar se foram os papas que deram esse exemplo a certos bispos alemães, ou se deles o receberam. Seja como for, estes agem de forma menos dissimulada; dispensam os ornamentos episcopais, não perdem tempo com bênçãos e outras cerimônias dessa espécie, mas vestem-se e conduzem-se como verdadeiros sátrapas, acreditando mesmo que é vergonhoso e indigno de um bispo entregar a Deus sua alma forte e corajosa noutra parte que não o campo de batalha.

---

49. Erasmo refere-se aqui a Júlio II, que se comprazia mais com batalhas do que com procissões. (N.T.)

Os padres comuns, que julgariam um crime não seguir em tudo as pegadas de seus devotos superiores, não deixam de imitá-los também nesse ponto. É preciso ver com que coragem, com que ferocidade militar combatem por seus direitos de dízimo! Como empregam espadas, lanças, bastões, pedras, em suma, todo tipo de armas contra os temerários que ousam contestar-lhes esse direito! Como são atentos e penetrantes quando se trata de tirar dos livros dos antigos alguma passagem capaz de assustar o vulgo ignorante e de convencê-lo a pagar bem mais que o dízimo! Mas não lhes ocorre que também se leem em toda parte os auxílios e os serviços que o povo *que os alimenta* tem o direito de esperar deles. Não consideram que a tonsura lhes foi feita para lembrar que o padre deve lançar longe de si todas as paixões humanas, para ocupar-se unicamente das coisas celestes. Não, não. Esses bons eclesiásticos orgulham-se de ter cumprido todos os seus deveres quando murmuraram seu breviário, e tão bem murmurado que eu ficaria surpresa que alguma divindade pudesse jamais ouvi-los ou compreendê-los, pois eles próprios quase não se ouvem nem se compreendem quando o recitam em voz alta.

Os padres não diferem de modo algum da gente mundana quando se trata de zelar por seus interesses e de defendê-los; mas, quando é preciso cumprir um dever penoso, eles têm a prudência de passá-lo aos outros e de rebatê-lo como uma bola. Há deveres da religião, assim como os há do governo de um Estado: o príncipe os transfere a seus ministros, os ministros a seus delegados. Os padres, por modéstia, deixam o exercício da piedade ao povo. O povo confia nos que ele chama *eclesiásticos*, aparentemente acreditando que nada tem em comum com a Igreja e que os votos de batismo não o vinculam a ela. Os padres que se dizem seculares, como se tivessem orgulho de pertencer ao século e não a Jesus Cristo, passam a bola aos regulares; os regulares, aos monges; os monges não reformados, aos reformados; todos juntos passam-na aos monges mendicantes; estes fazem-na passar aos cartuxos, de modo que é nos conventos desses bons padres que a piedade se esconde, e tão bem escondida que lá quase nunca se pode vê-la. Do mesmo modo, os soberanos pontífices, tão ativos quando se trata de recolher a rica colheita de seus proventos, deixam aos bispos todos os trabalhos um pouco demasiado apostólicos; os bispos os transferem aos párocos, os párocos a seus vigários, os vigários aos frades mendicantes, e estes passam o cuidado de zelar pelas ovelhas aos que sabem tosá-las bem.

Mas não é o caso aqui de esquadrinhar a vida dos prelados e dos padres. Eu daria a impressão de fazer a sátira dos outros em vez de meu Elogio, e poderiam imaginar que, ao tecer louvores aos maus príncipes, eu quis fazer a crítica dos bons. Não é essa minha intenção. Tudo o que eu disse foi apenas para mostrar claramente que nenhum mortal pode viver agradavelmente na terra a menos que seja iniciado nos meus mistérios e que eu derrame sobre ele meus preciosos favores.

E como poderiam os homens viver felizes sem mim, se a Fortuna, essa deusa que decide a sorte deles, está tão de acordo comigo que sempre foi a inimiga inconciliável dos sábios, prodigalizando, ao contrário, seus favores aos loucos, mesmo quando adormecidos? Certamente ouvistes falar de Timóteo, o general ateniense que deu origem ao provérbio: *Ele toma as cidades enquanto dormem*. Conheceis também estes outros provérbios: *Ele nasceu com sorte*; – *Os inocentes são felizes em seus empreendimentos*. Pois bem, tudo isso só convém aos loucos; ao passo que é de um sábio que se costuma dizer: *Ele só encontra pedras no caminho*; – *Ele nasceu sob um mau signo*; – *Ele é perseguido por um destino implacável*. Mas basta de provérbios: poderiam pensar que os tirei da coletânea de meu amigo Erasmo.

Eu dizia, então, que a Fortuna ama os insensatos, os homens ousados e temerários, os que dizem como César, ao cruzar o Rubicão: *A sorte está lançada*. A sabedoria torna os homens tímidos. Assim é comum ver os sábios constantemente às voltas com a pobreza, a fome e a dor, vivendo na obscuridade, desprezados e detestados por todos. Os loucos, ao contrário, nadam na opulência, governam os impérios, em suma, desfrutam do destino mais feliz e mais próspero. De fato, se fazeis consistir vossa felicidade em agradar aos soberanos e em ser admitidos no meio brilhante dos príncipes e dos cortesãos, de que vos servirá a sabedoria? Esses deuses da terra detestam-na e não a suportam entre eles. Quereis enriquecer? Que belo lucro tereis no comércio, se, fiéis às leis da sabedoria, não ousais cometer um falso juramento ou um perjúrio, se corais de ser surpreendido em mentira, se encheis a cabeça com os escrúpulos inquietantes que os sábios formaram sobre o roubo e a usura! Ambicionais as dignidades e as riquezas da Igreja? Ah! meus amigos, um asno ou um boi as pegaria antes que um homem de espírito e de bom-senso! Quereis viver no mundo da volúpia e dos prazeres? As mulheres, que o governam em grande parte, são inteiramente devotadas aos loucos e fogem de um sábio como de um animal horrível e venenoso. Enfim, todo aquele que se propõe viver no divertimento e na alegria começa por afastar com cuidado a sabedoria, e um sábio seria o último homem do mundo a ser convidado a uma festa. Em suma, ide onde quiserdes, entre os papas, os príncipes, os juízes, os magistrados, entre os amigos e os inimigos, os poderosos e os pequenos, em toda parte vereis que nada se consegue sem dinheiro sonante; e, como os sábios desprezam o dinheiro, não é surpreendente que todo o mundo os evite.

Embora meu Elogio seja um tema inesgotável, é preciso no entanto que esse discurso tenha um fim. Mas gostaria, antes, de mostrar em poucas palavras que vários grandes homens me celebraram em seus escritos e por suas ações; sem isso, receio que algum de vós me veja como uma tola que só é bela aos próprios olhos, e que os juristas considerem um crime eu não ter citado. Sigamos, pois, o exemplo deles, e citemos, como eles, a torto e a direito.

Em primeiro lugar, todos estão convencidos da verdade desta máxima bem conhecida: *Quando não se tem uma coisa, é muito conveniente fingir tê-la.* É por isso que desde cedo se ensina às crianças que: *É uma grande sabedoria saber ser louco no momento certo.* Julgai portanto vós mesmos a excelência que deve ter a loucura, se os sábios julgaram que sua sombra, sua mera aparência, merecia tantos louvores. Horácio, que se intitula o porco bem alimentado do rebanho de Epicuro, diz isso de maneira ainda mais franca, quando aconselha *misturar a loucura com a sabedoria*; ele acrescenta, é verdade, que essa loucura deve ser *curta*, mas tal corretivo não é o que mais lhe honra. Ele diz também, numa outra passagem: *É doce desvairar no momento certo.* E, mais adiante, que *prefere passar por um homem em delírio e sem nenhum talento, do que ser sábio e atormentado o tempo todo*. Homero, que faz tantos louvores a Telêmaco, chama-o com frequência de *estouvado*, e os poetas gregos, em suas tragédias, davam geralmente esse epíteto às crianças e aos jovens, considerando-o como um bom augúrio. E essa *Ilíada* tão célebre, que outra coisa é senão o relato dos furores e das loucuras dos povos e dos reis? Cícero também faz meu elogio quando diz: *A terra está cheia de loucos.* De fato, todos sabem que, quanto mais geral é um bem, mais excelente ele é.

Mas, como essas autoridades profanas talvez não sejam de grande peso para os cristãos, apoiarei ou, para falar em termos da arte, estabelecerei meu discurso sobre o testemunho da Sagrada Escritura. Primeiro, pedirei humildemente a permissão aos teólogos. Depois, como se trata aqui de algo muito difícil, e porque seria talvez desonesto invocar novamente as Musas e fazê-las vir novamente de tão longe para um tema que não lhes diz muito respeito, julgo oportuno, antes de bancar a teóloga e envolver-me nas sendas espinhosas da escola, invocar o espírito de Scotus, esse espírito mil vezes mais ouriçado que um ouriço, rogá-lo a deixar por um instante sua cara Sorbonne para juntar-se a mim, com a permissão de retornar, quando eu tiver terminado, ou de partir para os diabos, se quiser. Que eu possa assim adotar uma outra fisionomia e aparecer a vossos olhos sob os brilhantes aprestos de um doutor da Sorbonne! Mas, escutando-me tagarelar sobre teologia, não me acuseis de ter-me apossado dos escritos de nossos *veneráveis Mestres*. Considerai, peço-vos, que não é surpreendente, tendo eu uma ligação tão íntima e antiga com os teólogos, que tenha pego um pouco da ciência deles, pois também Príapo, esse deus de curta inteligência, reteve algumas palavras gregas que ouviu de seu mestre, e o galo de Luciano, que certamente conheceis, à força de viver com os homens, aprendeu a falar como eles.

Mas voltemos ao nosso tema e comecemos com confiança.

Está escrito no primeiro capítulo do Eclesiastes: *O número dos loucos é infinito*. Ora, esse número infinito compreende todos os homens, com exceção de uns poucos, e duvido que alguma vez se tenha visto esses poucos. Jeremias explica-se ainda mais claramente, quando diz, no capítulo décimo: *Todos os homens tornaram-se loucos à força de sabedoria*. Ele atribui a sabedoria somente a Deus, reservando a loucura aos homens. Um pouco antes ele havia dito: *Que o homem não se glorifique em sua sabedoria!* – E por que não queres, ó bom Jeremias, que o homem se glorifique em sua sabedoria? – *É porque*, responde o profeta, *ele não possui nenhuma.* – Volto ao Eclesiastes. Quando ele exclama: *Vaidade das vaidades, tudo é apenas vaidade!*, achais que quis dizer algo diferente do que dissemos, isto é, que a vida humana é somente uma ilusão produzida pela loucura? E com isso ele confirma perfeitamente o que disse Cícero em meu louvor e que nunca é demais repetir: *A terra está cheia de loucos*. – Esse sábio Eclesiastes diz ainda, noutra passagem: *O louco muda como a lua, o sábio é estável como o sol*, querendo mostrar desse modo que todos os homens são loucos, e que o título de sábio pertence somente a Deus. Pois, pela lua, os intérpretes entendem a natureza humana, e, pelo sol, Deus, que é a fonte de toda luz. Jesus diz a mesma coisa no Evangelho, quando afirma que somente Deus pode ser chamado de *bom*. Ora, se é verdade que quem não é sábio é louco, e se é verdade também, como dizem os estoicos, que sábio e bom significam a mesma coisa, é claro que Jesus quis dizer com isso que todos os homens são loucos.

Salomão diz, no capítulo 15: *A loucura é para o louco uma fonte de alegria*, reconhecendo assim claramente que, sem a loucura, não há nenhuma satisfação na vida. É o que ele quer dizer também com estas palavras: *Quanto mais aumentamos nossos conhecimentos, mais triste tornamos nossa condição, e, numa alma em que há muito bom-senso, há também muitos motivos de descontentamento*. Ele repete a mesma coisa noutros termos, no capítulo 7: *A tristeza mora no coração dos sábios, e a alegria no coração dos loucos*. Salomão não julgou suficiente possuir a sabedoria, ele quis também aprender a conhecer-me, e, se não quiserdes acreditar em mim, escutai o que ele diz no capítulo primeiro: *Dediquei-me a conhecer não somente a prudência e a doutrina, mas também os erros e a loucura*. E observai que ele teve o cuidado de colocar a loucura por último, a fim de homenageá-la mais, pois sabeis perfeitamente que, na Igreja, os primeiros em dignidade são sempre os últimos num cortejo, segundo o preceito do Evangelho.

O autor do Eclesiastes, seja quem for, mostra ainda com evidência, no capítulo 44, que a loucura vale mais que a sabedoria. Mas quero fazer convosco, aqui, como fazem, em Platão, os que dialogam com Sócrates, e juro que não sabereis uma palavra da passagem em questão se eu não vos obrigar a respostas que favoreçam a indução que quero fazer.

Pergunto-vos então: são as coisas raras e preciosas ou as coisas vis e comuns que convém esconder com mais cuidado? Não dizeis nada? Mas, ainda que não queirais responder, há um provérbio grego que responderá por vós. Eis o que ele significa: *A moringa é deixada junto à porta*. E, para que ninguém seja bastante ímpio para rejeitar essa sentença, sabei que ela é citada por Aristóteles, o grande deus dos teólogos. Há alguém entre vós bastante tolo para deixar o dinheiro e as joias na rua? Em verdade, não creio. Vós os guardais nos lugares mais secretos de vossas casas, nos recantos mais ocultos de vossos cofres, e deixais o lixo à vista de todos. Ora, se escondemos com tanto cuidado as coisas preciosas e deixamos ao arbítrio de cada um as que não têm valia, não é evidente que nosso autor quer dizer que a loucura é mais preciosa que a sabedoria, pois ele ordena esconder uma e proíbe esconder a outra? Escutai agora suas próprias palavras: *O homem que esconde sua loucura vale mais que o que esconde sua sabedoria*. Além disso, a Sagrada Escritura atribui aos loucos uma modéstia que o sábio não possui, pois este crê que ninguém é digno de comparar-se a ele. É assim que entendo esta passagem do décimo capítulo do Eclesiastes: *Quando o louco passeia, ele crê que todos os que encontra são loucos como ele*. Que modéstia! que candura! não julgar-se acima dos outros homens e consentir em partilhar com eles os louvores magníficos que julgam sempre merecer! Salomão, por maior rei que fosse, não se envergonhou de usar o nome de louco; disse mesmo expressamente, no capítulo 30: *Sou o mais louco de todos os homens*. São Paulo, o doutor dos gentios, atribui-se sem cerimônia o nome de louco, quando escreve aos coríntios: *Falo como louco, e o sou mais que ninguém* – acreditando, aparentemente, ser uma vergonha deixar-se ultrapassar em loucura.

Mas ouço já chiar esses pequenos doutores em grego que, com suas novas observações, procuram nos deslumbrar e nos fazer acreditar que os teólogos são ignorantes. Se meu caro Erasmo não é o primeiro, é pelo menos o segundo desses novos doutores; nomeio-o com frequência porque é o melhor de meus amigos e quero homenageá-lo. "Que citação extravagante!", dizem eles, "e como é realmente digna da Loucura! O pensamento do apóstolo é completamente diferente do que supõem vossos devaneios. Seu objetivo não é mostrar por essas palavras que ele é mais louco que todos os outros. Após ter dito: *Eles são ministros do Cristo, e eu também*, ele acrescenta: *E o sou mais que eles*, indicando claramente que era não apenas igual aos apóstolos no ministério do Evangelho, mas que estava mesmo um pouco acima deles. E, para não escandalizar os que poderiam ver demasiada presunção nessa confissão, ele se escusa dizendo que fala como um louco, querendo assim dar a entender que os loucos têm o direito de dizer a verdade sem ofender ninguém."

Que esses senhores discutam quanto quiserem sobre a interpretação dessa passagem. De minha parte, atenho-me à dos poderosos, grandes e gordos teólogos que todos seguem, e com os quais a maioria dos doutores prefeririam adotar um erro do que conhecer a verdade pela palavra dos primeiros, vistos como papagaios com seu hebraico, grego e latim. Ora, escutai um desses gloriosos doutores – não vos direi seu nome, pois nossos pequenos e eruditos teólogos não deixariam de ridicularizá-lo e de citar o provérbio grego: *É um burro que quer tocar lira* –, escutai, digo eu, a maneira perfeitamente teologal e doutoral com que um desses grandes doutores interpreta essa passagem: *Digo-o com menos sabedoria, e o sou mais que eles*. Ele faz disso um novo capítulo; depois, demonstrando um grande conhecimento de dialética, acrescenta um parágrafo e sua explicação. Citar-vos-ei suas próprias palavras *materialiter et formaliter*: "*Digo-o menos sabiamente*, isto é, se vos pareço louco ao igualar-me aos falsos apóstolos, mais louco ainda vos parecerei se quiser ser preferido a eles". É verdade que, um pouco adiante, nosso doutor salta de repente a um outro assunto, como um homem que não sabe mais o que diz.

Mas por que tanto trabalho para valer-me de um exemplo? Não é sabido que teólogos têm o direito de esticar o céu, isto é, a Sagrada Escritura, como uma pele? Não há passagens da Escritura que se contradizem nos escritos de São Paulo, e que não se contradizem mais quando as lemos no lugar de onde são tiradas? Escutai o que São Jerônimo, o grande doutor que sabia cinco línguas, conta desse apóstolo: "São Paulo, diz ele, tendo descoberto por acaso em Atenas um altar com a inscrição: DIIS ASIAE, EUROPAE ET AFRICAE, DIIS IGNOTIS ET PEREGRINIS, *Aos deuses da Ásia, da Europa e da África, aos deuses desconhecidos e estrangeiros*, julgou que podia servir-se dela em proveito da religião cristã. Omitindo então tudo o que poderia prejudicar seu propósito, ele tomou apenas as últimas palavras da inscrição, DIIS IGNOTIS, *Aos deuses desconhecidos*. Transformou-as habilmente em DEO IGNOTO, *Ao deus desconhecido*, e provou assim aos atenienses que eles haviam erguido um altar a Jesus, que ele afirmava ser esse deus desconhecido". É certamente a exemplo desse grande apóstolo que os teólogos retiram às vezes quatro ou cinco palavras de um lugar, quatro ou cinco de outro, transformando-as de acordo com seu interesse e citando-as a seguir com confiança, embora geralmente o que precede e o que segue não tenham relação alguma com o sentido que dão, ou lhe seja mesmo diretamente contrário. Os teólogos ficam tão felizes com essas citações impertinentes que às vezes os próprios juristas têm ciúmes deles.

De fato, pode-se duvidar que tudo lhes saia bem, quando vemos esse doutor, cujo nome eu não quis nomear por causa do provérbio grego, dar a uma passagem de São Lucas um sentido que é tão contrário ao espírito do Evangelho quanto a água é contrária ao fogo? No tempo de um grande perigo, quando os bons clientes reúnem-se em volta do patrão para ajudá-lo, Jesus Cristo, querendo curar seus discípulos da confiança que tinham em seus auxílios humanos, perguntou-lhes se alguma vez tinham carecido de alguma coisa, embora não lhes tivesse dado, ao partirem, nem calçados para protegê-los dos espinhos e das pedras, nem provisões para alimentá-los no caminho. Respondendo, os apóstolos, que sempre haviam tido o necessário, Jesus lhes disse: *Agora, o que tem um alforje pequeno ou grande deve abandoná-lo, e o que não tem espada deve vender seu manto ou sua camisa para adquirir uma*. Ora, como a doutrina de Jesus Cristo está fundada apenas sobre a doçura, a tolerância e o desprezo pela vida, não percebem todos claramente o que o divino Salvador quis dizer nessa passagem? Ele queria persuadir seus apóstolos ao desapego das coisas temporais, não só proibindo-lhes os calçados e o dinheiro, mas ordenando-lhes mesmo desfazer-se da camisa, mostrando com isso que deviam renunciar a todas as coisas da terra para se dedicar inteiramente à pregação do Evangelho. Recomenda-lhes somente obter uma espada, não uma espada como a dos assassinos e parricidas, mas aquela espada espiritual que penetra nos recônditos mais secretos do coração, para ali cortar todas as paixões humanas e deixar reinar apenas a piedade.

Escutai agora o torneio que nosso hábil doutor dá a essas palavras. Ele entende por espada o direito de defender-se contra a perseguição; por alforje, uma boa provisão de víveres. Aparentemente acreditava, esse bom doutor, que Jesus Cristo havia mudado de ideia e, temendo ver os apóstolos partir mal-equipados, resolvido retratar-se. Acaso supunha que o divino Salvador se esquecera do que lhes dissera: *Sereis felizes se suportais pacientemente os opróbrios, os ultrajes e os suplícios* –, proibindo-lhes desse modo resistir à perseguição, e lembrando-lhes que foi à doçura e não à ferocidade que prometeu seu reino? Enfim, como podia pensar que aquele que falara aos apóstolos do exemplo dos lírios e dos pardais quisesse agora vê-los com uma espada, a ponto de recomendar-lhes vender a camisa para adquirir uma, como se preferisse vê-los partir nus do que sem espada? Entendendo por espada tudo o que pode servir para reagir à força, ele compreende também pelo nome de alforje tudo o que pode satisfazer às necessidades da vida. Assim, esse intérprete do espírito de Deus arma os apóstolos de lanças, espadas, arcos, flechas, e os faz partir para pregar um Deus crucificado. Provê-os também de alforjes e de bastante dinheiro para não se exporem ao desgosto de sair de um albergue sem ter almoçado. Esse grande homem não notou que essa espada, que ele faz os apóstolos adquirir a alto preço, foi condenada por Jesus Cristo, que os censurou de tê-la sacado e lhes ordenou recolocá-la na bainha; não pensou que jamais se ouviu dizer que os apóstolos tenham empregado a espada e o escudo para resistir aos pagãos – o que certamente teriam feito, se fosse essa a intenção de seu mestre.

Um outro doutor, que não nomearei por causa do profundo respeito que lhe devo, e a quem não se poderia aplicar o provérbio grego, explicando um dia esta passagem do profeta Habacuc: *Turbabuntur pelles terrae Madian* (*As tendas da terra de Madian serão postas em desordem*), afirma que a palavra *pelles*, que significa propriamente peles, mas que aqui quer dizer *tendas*, porque as tendas dos madianitas eram feitas de peles, afirma, como eu disse, que a palavra *pelles* é uma alusão à pele de São Bartolomeu, que foi esfolado vivo.

Mas eis aqui uma coisa que ouvi com meus próprios ouvidos. Outro dia assistia a uma tese de teologia, como costumo fazer com frequência. Tendo alguém perguntado quais passagens da Escritura provavam ser preferível queimar os hereges do que convencê-los por bons argumentos, um velho carrancudo, que trazia no rosto todo o orgulho e a presunção teológicos, respondeu aos berros: "Foi São Paulo que o recomendou expressamente, quando disse: *Hereticum hominem post unam et alteram correptionem devita*".[50] Como ele repetisse sempre a mesma passagem, a maioria dos ouvintes olhavam-se com espanto sem poder adivinhar o que ele queria dizer. Finalmente, ele se explicou assim: "A palavra *devita* não é composta da preposição *de*, que indica supressão, e do substantivo *vita*, que significa *vida*? Portanto, ela significa *suprimir a vida, tirar a vida*; eis assim o verdadeiro sentido da passagem: *Se o herege não se corrige, depois de advertido uma ou duas vezes, é preciso tirar-lhe a vida*". Alguns ouvintes puseram-se a rir, outros admiraram essa bela explicação e julgaram-na verdadeiramente teológica. Enfim, como houvesse alguns que não pareciam render-se à força do argumento, nosso sutil doutor valeu-se de um silogismo incontestável. "Escutai bem, disse ele, o que vou dizer: está escrito: *Maleficum ne patiaris vivere*, Não deixeis viver o malfeitor; Aqui, todo herege é malfeitor; *Ergo*[51], é preciso queimar os hereges." Ante esse maravilhoso *Ergo*, todos os ouvintes cederam ao espírito sublime do teólogo e adotaram sua posição. Não houve um só que considerasse que essa passagem referia-se apenas aos feiticeiros, encantadores e mágicos, outrora

---

50. O verdadeiro sentido dessas palavras é: Evite o herege depois de tê-lo admoestado uma ou duas vezes. (N.E.)

51. Ergo: conjunção latina, significando "logo", "por conseguinte". (N.E.)

designados pelo nome geral de malfeitores, *malefici*, e que, admitindo o raciocínio de nosso doutor, seria preciso também queimar os fornicadores e os bêbados.

Mas sou muito louca de continuar a relatar coisas que poderiam encher mais volumes que os que Dídimo e Crisipo escreveram em toda a sua vida. Gostaria apenas de observar, já que esses divinos mestres puderam impunemente fazer tantas citações e dar tantas explicações impertinentes, que posso ser perdoada, eu que sou apenas uma pobre teóloga indigna, de não ter feito as citações com toda a exatidão possível.

Voltemos a São Paulo. Ele diz, ao falar de si mesmo: *Suportais de bom grado os loucos... Acolhei-me também como um louco.* E, numa outra passagem: *Não falo conforme Deus, mas como se fosse louco... Somos loucos, nós, por Jesus Cristo.* Vede que louvores me oferece o grande homem! Ele chega mesmo a recomendar abertamente a loucura como algo muito útil e necessário, quando diz: *Aquele dentre vós que se julga sábio, que ele abrace a loucura para encontrar a sabedoria.* Jesus Cristo chama de loucos os dois discípulos que encontrou na estrada de Emaús[52]. Mas o que talvez pareça ainda mais espantoso é que São Paulo atribui a loucura ao próprio Deus: *A loucura de Deus*, diz ele, *vale mais que toda a sabedoria dos homens.* Ora, segundo Orígenes[53], não se pode relacionar isso à opinião dos homens, como tampouco a esta outra passagem: *O mistério da cruz é uma loucura para os que perecem.* Mas por que fatigar-me relatando tantos testemunhos? Não disse Jesus Cristo claramente, nos Salmos, falando a seu Pai: *Conheces minha loucura?*

---

52. Emaús: cidadela da Palestina, ao norte de Jerusalém, onde, segundo Lucas XXIV, 13-32, Jesus apareceu a dois de seus discípulos depois da Ressurreição. (N.E.)

53. Orígenes (185-254): médico e filósofo cristão de língua grega, nascido em Alexandria, que foi o primeiro a propor um sistema completo do Cristianismo. (N.E.)

Raciocinando em boa política, percebe-se bem que Deus tem ótimas razões para amar os loucos. De fato, penso que nisso a corte divina assemelha-se muito às cortes dos príncipes da terra, nas quais preferem-se os ignorantes e os imbecis aos que têm muito espírito e prudência, pois estes são vistos como gente suspeita e perigosa. Vemos, assim, que César desconfiava de Bruto e de Cássio, mas não temia o voluptuoso Antônio; que Nero não podia aguentar Sêneca, e que Dionísio, o Tirano, logo achou Platão insuportável. É pela mesma razão que Jesus Cristo detesta e condena os filósofos, que depositam toda a confiança em sua pretensa sabedoria. São Paulo prova claramente o que digo, quando afirma: *Deus escolheu no mundo o que há de louco... Deus julgou conveniente salvar o mundo pela loucura*, certamente porque não podia salvá-lo pela sabedoria. O próprio Deus diz isso claramente quando exclama pela boca do profeta Isaías: *Confundirei a sabedoria dos sábios e reprovarei a prudência dos prudentes*, e, numa outra passagem, quando se felicita por ter ocultado o mistério da salvação aos sábios, e por tê-la revelado aos pequenos, isto é, aos loucos.

É no mesmo sentido que deve ser entendida a indignação que Jesus Cristo demonstra constantemente contra os escribas, os fariseus e os doutores da lei, e a bondade com que protege o vulgo ignorante. *Ai de vós, escribas e fariseus!* ele exclama; não é como se dissesse: *Ai de vós, sábios da terra*? E esse divino Salvador, que tratava assim os sábios, comprazia-se sobretudo na companhia das crianças, das mulheres e dos pecadores.

Esse amor do Salvador pela simplicidade observa-se até na escolha que ele fez dos animais. Entre tantas espécies diferentes que vivem na terra, ele preferiu aquelas cuja índole é a mais distante da astúcia da raposa. É um burro que tem a honra de transportá-lo em sua entrada triunfal em Jerusalém, a ele que podia, se quisesse, cavalgar o leão mais feroz. É sob a forma de uma pomba, e não de uma águia ou de um gavião, que o Espírito Santo desceu à terra. E a Bíblia faz em várias passagens uma menção honrosa aos cervos, potros e cordeiros. Aliás, não dá Jesus Cristo o nome de ovelhas aos que ele destinou à vida eterna? Ora, a ovelha é o mais tolo de todos os animais; a acreditar em Aristóteles, seu nome era uma injúria entre os gregos, sendo dado por derrisão aos estúpidos e aos idiotas: *Cabeça de ovelha*. No entanto, é desse rebanho de ovelhas que Jesus se diz o pastor. Que digo? Ele próprio que adora ser chamado pelo nome de *cordeiro*. É por esse nome que São João o anuncia ao povo, dizendo: *Ecce Agnus Dei! Eis o Cordeiro de Deus!*, e o Apocalipse também nos representa o divino Salvador sob a figura desse animal.

    Tantos testemunhos reunidos não provam que todos os homens são loucos, mesmo os mais santos? O próprio Jesus Cristo, embora seja a sabedoria do Pai, fez-se de certo modo louco para curar a loucura dos homens, pois uniu-se à natureza humana, isto é, fez-se homem. O divino Salvador encarregou-se da loucura assim como encarregou-se do pecado, para remediá-lo e destruí-lo. E por que meios quer destruí-lo? Pela loucura da cruz, por apóstolos idiotas e grosseiros, a quem recomenda a todo instante essa loucura e que ele procura afastar da sabedoria, propondo-lhes como exemplo as crianças, os lírios, o grão de mostarda e os pardais, coisas sem razão nem bom-senso e que se deixam levar ingenuamente, sem inquietude, pelos impulsos da natureza. Além do mais, quando lhes proíbe preparar suas respostas antes de se apresentar aos príncipes e magistrados, quando lhes ordena não se inquietar com o futuro, não está ele ensinando a não confiar na sabedoria, mas a pôr inteiramente nele o cuidado de todas as coisas? Não é também pela mesma razão que o soberano Criador proíbe aos primeiros pais provar do fruto da árvore da ciência, prevendo que essa ciência fatal envenenaria um dia toda a felicidade deles? São Paulo estava muito convencido dessa verdade quando, ao condenar a ciência, a declara perniciosa e própria a inflar o coração. E penso que é com base na ideia do grande apóstolo que São Bernardo chama *Montanha da Ciência* a montanha onde Lúcifer residia.

Mas eis aqui outra prova que talvez não parecerá completamente desprezível. A loucura deve gozar de um grande favor no céu, pois diariamente é perdoada de faltas que jamais se perdoariam a um sábio. Assim, quando a sabedoria faz um homem cometer alguma tolice, ele a atribui imediatamente à loucura, protegendo-se do castigo junto a essa boa deusa. É assim que Aarão[54], no Livro dos Números, implora o perdão de sua mulher, dizendo: *Dignai-vos, Senhor, não nos imputar uma falta que cometemos por pura loucura.* É assim que Saul desculpa-se junto a Davi: *Está se vendo,* diz ele, *que agi como um louco.* É assim que o próprio Davi procura apaziguar o Senhor irritado, exclamando: *Senhor, peço-vos que apague essa iniquidade da conta de vosso servidor, pois foi a loucura que me fez agir!*, convencido de que sua loucura e sua ignorância eram as únicas coisas que podiam fazer-lhe obter o perdão do Senhor.

Eis um testemunho que tem um peso bem distinto. Quando Jesus, na cruz, reza por seus inimigos e diz: *Pai, perdoai-os*, ele os escusa, atribuindo sua falta à ignorância: *Perdoai-os,* diz ele, *porque não sabem o que fazem.* São Paulo atribui à mesma causa o perdão de seus pecados: *Deus foi misericordioso comigo,* ele escreve a Timóteo, *porque minha incredulidade era um fruto da ignorância.* Não é como se ele dissesse: *porque não era a maldade, mas somente a loucura que me fazia agir*? E esse *porque* não mostra claramente que ele acreditava ter obtido a misericórdia apenas pelo crédito e a proteção da loucura? Há ainda uma passagem no salmista, da qual só agora me

---

54. Aarão: personagem bíblico, irmão de Moisés e primeiro grande pastor dos hebreus. (N.E.)

lembro, que serve maravilhosamente para confirmar o que digo: *Dignai-vos*, diz ele, *dignai-vos, Senhor, esquecer os erros de minha juventude e minhas ignorâncias*. Observai que ele oferece duas coisas como desculpa: a juventude, da qual sou comumente a fiel companheira, e a ignorância, que é uma de minhas melhores amigas; e ele tem o cuidado de designar essa ignorância por uma expressão que parece multiplicá-la, *minhas ignorâncias*, a fim de melhor fazer sentir toda a extensão de sua loucura.

Mas, sem entrar em detalhes infinitos, vos direi, em uma palavra, que a religião cristã mostra-se inteiramente conforme a uma certa espécie de loucura, e diretamente oposta à sabedoria. Quereis provas? Em primeiro lugar, não observais que as crianças, as mulheres e os imbecis encontram bem mais prazer que os outros nas cerimônias da religião e que, impelidos pelo mero instinto da natureza, aproximam-se sempre o mais que podem do altar? Em segundo lugar, quem foram os fundadores do cristianismo? Pessoas de uma simplicidade extrema, inimigas mortais das letras e das ciências. Por fim, há na terra loucos que pareçam mais loucos que aqueles cujo coração é abrasado do amor de compaixão? Eles distribuem seu dinheiro com prodigalidade, suportam pacientemente as injúrias, deixam-se enganar, amam igualmente os amigos e os inimigos, têm horror à volúpia, alimentam-se de jejuns, de lágrimas, de vigílias e de ultrajes; desprezam a vida, desejam apenas a morte; em uma palavra, parecem ter renunciado de tal maneira ao senso comum que se pensaria naturalmente que suas almas existem fora de seus corpos. Não é isso o que chamam ser louco? E devemos nos surpreender então que os apóstolos tenham sido tomados às vezes por bêbados, e que o juiz Festo tenha julgado São Paulo extravagante?

Já que me pus a raciocinar, vou continuar e mostrar que essa bem-aventurança dos cristãos, que eles tratam de merecer por tantos sofrimentos e trabalhos, não é senão uma espécie de demência e de loucura. Calma! Não vos escandalizeis nem me condeneis pelas simples aparências; procurai apenas examinar a coisa comigo.

Primeiramente, um princípio que é, por assim dizer, comum aos cristãos e aos platônicos é que, nesta vida, a alma, mergulhada no lodaçal da matéria, é retida pelos laços do corpo, e essa dependência à matéria é que a impede de ver a verdade e de usufruí-la. Foi com base nisso que Platão definiu a filosofia como *meditação da morte*, porque uma e outra elevam a alma acima das coisas visíveis e materiais. Ora, um homem é considerado como tendo bom-senso enquanto sua alma age regularmente sobre os órgãos de seu corpo; quando essa alma, tendo rompido seus laços, busca libertar-se e escapar da prisão, diz-se então que ele é louco. Se esse estado é causado por uma doença ou pelo desarranjo dos órgãos, todos chamam-no loucura. Acontece, porém, que pessoas acometidas dessa loucura predizem o futuro, conhecem as línguas e as ciências sem tê-las aprendido e oferecem em toda a sua pessoa algo de verdadeiramente divino. Isso por certo se deve a que a alma, um pouco desligada dos laços do corpo, começa a exercer suas faculdades naturais. A mesma causa produz efeitos semelhantes nos moribundos que, parecendo às vezes inspirados por um sopro divino, dizem coisas maravilhosas. Mas, quando é o amor de compaixão que eleva a alma acima das coisas materiais, essa loucura, que talvez não seja precisamente da mesma espécie que a primeira, assemelha-se muito a ela, pois a grande maioria do gênero humano, vendo o pequeno número dos que amam assim levar uma vida inteiramente oposta à dos outros homens, lhes dá sem dificuldade o nome de loucos. Uns e outros realizam então a ficção engenhosa da caverna de Platão. Esse filósofo supunha uma caverna em que os homens, acorrentados, veem apenas sombras e aparências; um deles escapa, vê coisas reais e volta para junto dos companheiros: "Como sois infelizes! diz ele, vedes apenas sombras vãs e cometeis um grande erro acreditando que nada mais existe. É fora da caverna que existem objetos reais, e acabo de vê-los". Enquanto esse sábio perde tempo a deplorar o erro e a loucura dos supostos infelizes, estes, por sua vez, olham-no como um louco, zombam dele e o expulsam. Eis a imagem dos homens do mundo e dos devotos. Os primeiros, ocupados inteiramente em usufruir dos objetos sensíveis, são levados a crer que não existem outros: os devotos, ao contrário, desprezam tudo o que se relaciona à matéria, elevando sua alma à contemplação das coisas invisíveis e espirituais. Uns pensam primeiro em juntar riquezas, em satisfazer às necessidades do corpo, para só então pensar na alma – se acaso creem que existe alguma: a maioria duvida, pois não a veem. Os outros conduzem-se de maneira completamente oposta. Dedicam-se primeiro a cumprir com todas as forças seus deveres para com Deus, que é o mais simples de todos os seres; pensam a seguir na alma, porque a alma é, de todas as criaturas, a que mais se aproxima da divindade; mas negligenciam o cuidado com o corpo, desprezando o dinheiro como imundície, fugindo dele quando o veem, e, se às vezes são obrigados a tocá-lo, fazem-no com uma repugnância e uma aversão extremas: pois, como é dito no Evangelho, *eles têm como se não tivessem, possuem como se não possuíssem*.

Essa diferença entre os mundanos e os devotos estende-se a todas as ações de sua vida. Embora todas as faculdades da alma dependam dos órgãos do corpo, há algumas, como as sensações da audição, da visão, do tato, do gosto e do olfato, que são mais estreitamente unidas à matéria, e outras, como a memória, o intelecto e a vontade, que parecem sê-lo bem menos. Ora, a alma depende mais ou menos da matéria ao exercitar mais ou menos umas ou as outras. Fazendo todos os esforços para se elevar acima da matéria, os devotos tornam-se como que estúpidos e insensíveis às impressões do corpo. Assim, diz-se que alguns santos personagens beberam, sem que o notassem, óleo por vinho[55]. Entre os mundanos dá-se exatamente o contrário: a matéria os afeta muito, e o espírito, muito pouco.

Entre as paixões, há também as que são, por assim dizer, inteiramente corporais, como o amor, a fome, a sede, o sono, a cólera, o orgulho, a inveja. Os devotos combatem continuamente essas paixões; os mundanos, ao contrário, creem que não se poderia viver sem elas. Enfim, há outras paixões intermediárias entre o corpo e o espírito, e que nos parecem inspiradas pela natureza, como o amor à pátria, a ternura paterna, o amor filial, a amizade. Os mundanos cedem um pouco a todas elas, mas os devotos fazem o que podem para arrancá-las do coração ou, pelo menos, conservam apenas o que elas têm de mais espiritual. Por exemplo, um devoto não ama seu pai porque é seu pai – esse título, ele o recebeu apenas do corpo, e é a Deus, pai de todas as coisas, que ele deve esse corpo; ele o ama porque é um homem de bem, porque vê brilhar nele a imagem daquela inteligência suprema que considera como o soberano bem, fora da qual não existe nada digno de ser o objeto de seu amor e de seus desejos. Eis o que serve de regra aos devotos em todos os outros deveres da vida. E, se há alguns objetos visíveis que eles não desprezam completamente, acreditam ao menos que estão bem abaixo das coisas espirituais e invisíveis.

Eles distinguem uma matéria e um espírito até mesmo nos sacramentos e nos outros deveres da piedade. Não creem, por exemplo, como os homens do mundo, que o jejum consiste simplesmente em não comer carne e em ir dormir sem jantar; mas dizem que o espírito do jejum consiste ao mesmo tempo em mortificar as paixões, em

---

55. Lê-se na Vida de São Bernardo que, sentindo sede um dia, em meio a suas meditações sobre as Sagradas Escrituras, ele a saciou bebendo maquinalmente de um pote de óleo. Um frade que estava junto dele e que viu o queixo reluzente do santo foi quem o fez notar sua distração. (N.E.)

fazer todos os esforços para ser menos sujeito à cólera, menos inflado de vaidade e de orgulho, a fim de que a alma, menos oprimida pelo peso da matéria, possa lançar-se com mais força ao conhecimento e ao gozo das coisas celestes. O mesmo raciocínio para a eucaristia. "Se as cerimônias da missa", dizem eles, "não são inteiramente desprezíveis, pelo menos não são muito úteis; podem mesmo ser prejudiciais sem o espírito, isto é, sem aquilo que é representado pelos signos sensíveis. Ora, é a morte de Jesus Cristo que é representada por esses signos; e os cristãos devem imitar essa morte, dominando, fazendo morrer, sepultando suas paixões, a fim de ressuscitar para uma nova vida e, unindo-se a Jesus ao mesmo tempo em que se unem entre si, formar um único corpo do qual o divino Salvador seja o chefe." Tal é a vida, tal é a meditação dos devotos. Os mundanos pensam de modo bem distinto. Acreditam que a missa consiste em ficar perto do altar, em ouvir o som das palavras que o padre pronuncia e em acompanhar do começo ao fim todas as pequenas cerimônias que ele faz. Enfim, não é somente nos exemplos que acabo de citar, mas em sua vida inteira que o devoto se afasta das coisas materiais e sensíveis, para elevar-se às coisas eternas, espirituais e invisíveis. Ora, visto que os devotos e os mundanos se conduzem em tudo de uma maneira tão oposta, é natural que eles se vejam mutuamente como loucos. Quanto a mim, penso que são os devotos que merecem mais esse título, e concordareis com isso quando eu tiver provado, como prometi, que o soberano bem ao qual aspiram não é senão uma pura loucura.

Notai, primeiro, que Platão tinha em mente algo parecido quando disse que a loucura dos amantes é a mais doce de todas as loucuras. De fato, quem ama com ardor não vive mais em si mesmo, vive no objeto que ele ama; e, quanto mais se afasta de si mesmo para ligar-se a esse objeto, mais ele sente aumentar sua alegria e sua felicidade. Ora, não é louco um homem quando seu espírito, elevando-se acima da matéria, parece sair do corpo para delirar? De outro modo, o que significariam estas expressões vulgares: *Ele está fora de si... caia em si... ele voltou a si...*? Enfim, quanto mais perfeito é o amor, maior a loucura e mais sensível a felicidade. Percebeis então, agora, em que consiste a bem-aventurança pela qual os devotos suspiram com tanto ardor? O espírito vencedor da matéria absorverá o corpo e o identificará à sua natureza. O que não lhe será muito difícil, sobretudo se esse pobre corpo foi bem preparado para essa transformação por jejuns, macerações e outras mortificações piedosas. A seguir, esse espírito será ele próprio absorvido pelo espírito supremo, que é infinitamente mais forte e poderoso que ele. De sorte que o homem, inteiramente fora de si mesmo, será feliz por essa feliz ausência e desfrutará a volúpia inefável proporcionada pela presença desse soberano bem que atrai para si todos os seres.

Embora essa bem-aventurança só deva começar a ser perfeita no instante da reunião gloriosa dos corpos com as almas, os devotos, cuja vida não é senão uma imagem e uma meditação contínua da vida celeste, já sentem na terra um antegozo dessa recompensa deliciosa. Na verdade, é apenas uma pequeníssima gota da fonte imensa de bem-aventurança eterna; mas essa pequena gota, tal como é, ultrapassa infinitamente todos os prazeres dos sentidos, todas as volúpias humanas reunidas – a tal ponto os prazeres espirituais ultrapassam os prazeres do corpo, a tal ponto os bens invisíveis estão acima dos visíveis! Essa é a felicidade que o profeta prometeu aos santos, quando disse: *Os olhos nunca viram, os ouvidos nunca ouviram, o coração do homem nunca sentiu as delícias que o Senhor preparou aos que o amam*. Essa é também a parte de loucura que os justos sentem já na terra, loucura feliz que, longe de lhes ser retirada quando passarem à outra vida, será, ao contrário, aperfeiçoada, e se tornará aquela loucura inefável que é chamada a bem-aventurança eterna. Essa pequena gota de loucura que os justos saboreiam já na terra, acaso não se percebe visivelmente no pequeno número de santos que têm a felicidade de possuí-la? Eles dizem coisas que não têm ligação entre si, nem relação com a linguagem ordinária dos homens; sua boca forma sons desprovidos de sentido, e sua fisionomia transforma-se, num instante, de mil maneiras diferentes. Ora agitados e alegres, ora tristonhos e abatidos, eles choram, riem, suspiram de um momento a outro; em suma, estão completamente fora de si mesmos. Voltando a si, não sabem mais de onde vêm, ignoram se estavam ou não em seu corpo, se estavam acordados ou se dormiam; esqueceram o que viram, o que ouviram, o que disseram, o que fizeram; ou, se lhes resta alguma ideia, ela se assemelha à impressão confusa deixada na memória por uma ilusão passageira ou por um sonho agradável que se dissipa ao despertar. Tudo o que eles podem afirmar é que foram muito felizes durante o tempo todo dessa alienação voluptuosa; assim ficam desolados de voltar a seu triste bom-senso, e o mais ardente de todos os seus desejos é poder viver eternamente em meio aos transportes deliciosos dessa feliz loucura. Eis em que consiste esse pequeno antegozo da bem-aventurança eterna.

Mas, a propósito, esqueço que vos prometi terminar. De resto, se achais que tagarelei demais, ou se deixei escapar alguma extravagância um pouco forte, lembrai-vos, peço-vos, que é a Loucura, que é uma mulher que acaba de vos falar. Mas lembrai-vos também deste provérbio grego: *Um louco diz às vezes coisas boas* – a menos que penseis que as mulheres sejam uma exceção a essa regra geral.

Percebo que aguardais uma peroração; mas, em verdade, estais muito enganados se achais que guardei na memória todo o palavrório que acabo de vos declamar. Os gregos diziam outrora: *Odeio um conviva que tenha memória boa demais*; e eu vos digo agora: *Odeio um ouvinte que se lembre de tudo*. Adeus, pois, ilustres e caros amigos da Loucura, aplaudi-me, passai bem e diverti-vos.

Sobre o autor

Erasmo Desidério, ou Erasmo de Rotterdam, como ficou conhecido devido ao seu local de nascimento, ou, ainda, Voltaire Latino, apelido que lhe foi dado em virtude de suas críticas à Igreja católica, é uma figura central para se entender as transformações pelas quais passou a fé religiosa e o pensamento ocidental, da Idade Média à época moderna.

Nasceu em meados do século XV, como fruto da ligação ilícita entre um padre e uma moça, e recebeu uma forte educação religiosa e latinista. Com o objetivo de estudar e subsistir, abraçou o sacerdócio por volta de 1492 (para abandoná-lo logo depois) e em Paris, na Sorbonne, aprimorou-se no pensamento clássico. Viajou e lecionou em vários países, como Inglaterra (Cambridge), Bélgica e Espanha, sendo recebido por outros estudiosos e por nobres. Ao longo desta carreira teológica e acadêmica, a natureza pacifista de Erasmo foi imersa nos manuscritos escolásticos e nos detalhes dos dogmas católicos, de modo que, desta imersão, o que veio à tona foi a percepção – vista de dentro – das contradições e do pensamento obsoleto da igreja católica. Erasmo, como humanista que era, acreditava que a razão tinha de ser de utilidade ao homem (e não o contrário), e, assim, criticava com ferocidade teólogos e filósofos que, através de uma retórica vazia e hermética, perpetuavam o pensamento das trevas e defendiam uma fé católica artificial e incoerente. Se opôs à violência do reformista Lutero, pois acreditava que o catolicismo devia ser reformado internamente, sem cismas nem sangue. Diferentemente do pastor alemão, que pregava em meio ao povo, Erasmo pertencia à República dos letrados, casta nascente que começava a reivindicar suas prerrogativas, acreditando no futuro de uma humanidade guiada pelas luzes da razão. É o apóstolo de uma mudança suave, dotado de uma visão evolucionista.

A sua obra mais importante do ponto de vista teológico é *Colóquios*. Mas é em *Elogio da Loucura*, escrita em 1501, que Erasmo chega às raias com sua veia satírica, recheando de humor os absurdos da filosofia, da fé e, mais universalmente, do comportamento humano – sendo, deste modo, totalmente acessível ao leitor leigo. O texto foi escrito na Inglaterra, na casa do pensador Tomás Morus (que, não por acaso, verteu seu pacifismo na obra *Utopia*, na qual esboçava uma sociedade em que todas nações e todos os homens viveriam em paz). Quem fala, em *Elogio da Loucura*, é a própria Loucura. A insanidade demonstra como está presente na vida dos homens e tudo o que estes a ela devem, pois é ela, a Loucura, e ninguém mais, que move o mundo. O que, na verdade, o humanista Erasmo faz é nos convidar a observar – com humor e compaixão, além de identificação – a natureza humana e suas fraquezas, de modo a nos adaptarmos racionalmente a ela. Nas suas inúmeras referências a divindades antigas, o que se vê é uma estocada ao pensamento ortodoxo católico; quando escreve "*A verdadeira prudência consiste, já que somos humanos, em não querer ser mais sábios do que nossa natureza o permite*", Erasmo fala aos seus pares filósofos e teólogos que deixavam que a obsessão pela verdade única e incontestável cegasse-lhes os olhos frente à realidade complexa.

Em 1542, seis anos após sua morte, aquele que era um dos intelectuais mais célebres e respeitados da sua época, o astro em torno do qual gravitava tudo o que a Europa contava de melhor, é decretado pelos teólogos da Sorbonne como "louco, insensato, injurioso a Deus, a Jesus Cristo, à Virgem, aos Santos, às prescrições da Igreja, às cerimônias eclesiásticas, aos teólogos, às ordens mendicantes". Erasmo acabou por ser visto como a ave que incubou o ovo do qual saiu a Reforma. E o próprio *Elogio* não era, certamente, desprovido de vontade reformadora. Mas como o que ele apresentava era uma purgação que devia ocorrer no seio da Igreja católica (ao passo que Lutero procedeu à amputação), Erasmo – intelectual que tinha horror a toda ideia cismática – anunciava, antes, o espírito da Contrarreforma.

Outras de suas obras são: *Adágios*, *Desprezo do Mundo* e *De libero arbitrio*.

CRONOLOGIA

1467 (?) – Nascimento em Gouda, perto de Rotterdam. Erasmo é o filho bastardo de um padre e da filha de um médico.

1478 – Ingressa na escola de Deventer, dirigida pelos Frades da Vida comum. Seus dons são notados; a Igreja garantirá sua educação. Ele recebe uma sólida formação de latinista.

1484 – Fica órfão de pai e mãe, que morrem com alguns meses de intervalo.

1485 – Torna-se monge juntos aos cônegos regulares de Santo Agostinho no convento de Steyn, não por vocação, mas como única saída para um estudante sem dinheiro que deseja prosseguir seus estudos.

1492 – Ordenado padre, faz um acerto com os superiores para obter uma certa autonomia, que ele conservará até o fim de seus dias. Começa para ele uma vida itinerante pela Europa; será sucessivamente secretário, preceptor, depois hóspede dos nobres e dos círculos humanistas. Redige manuais, os *Colóquios*.

1499 – Convidado por lorde Mountjoy, vai à Inglaterra, onde descobre com delícia a vida de castelo. Torna-se amigo de Tomás Morus e de John Colet. Começa uma nova tradução do Novo Testamento.

1503 – Publicação do *Manual do soldado cristão*, em defesa de um cristianismo depurado.

1508 – Abandona a Itália por Londres. Durante a viagem "a cavalo", concebe o *Elogio da Loucura*, que redigirá em sete dias, após sua chegada à casa de Morus.

1511 – Ensina grego e teologia em Cambridge, indo depois a Basileia, Antuérpia e aos Países Baixos.

1516 – Publicação de sua tradução latina do Novo Testamento. É nomeado conselheiro de Carlos Quinto. Redige uma *Educação do príncipe cristão*, o anti-Maquiavel por excelência. Somam-se as publicações, sua glória está no auge. Francisco I tenta atraí-lo à França, mas Erasmo prefere sua independência estudiosa. Encontra-se ora em Antuérpia, ora em Louvain ou em Anderlecht.

1521 – Lutero é excomungado. Enfrentando a hostilidade dos teólogos tradicionalistas, Erasmo refugia-se em Basileia, junto ao editor Froben. As pressões são cada vez mais fortes (da parte do papa, de Henrique VIII etc.) para que ele ataque Lutero.

1524 – Ele cede, mas leva o conflito para um terreno afastado das multidões, uma questão teológica sobre o livre-arbítrio que Lutero recusa ao homem. Este replica violentamente em *Do servo-arbítrio*. Erasmo está agora sob o fogo cruzado dos tradicionalistas e dos reformados. Apesar dos acontecimentos, sua produção literária não diminui.

1529 – Assim como fugira da Bélgica por causa dos católicos, abandona Basileia, tornada protestante, e afasta-se das polêmicas teológicas exilando-se em Friburgo-em-Breisgau.

1536 – Retorno a Basileia, para a impressão de várias obras. Começa a trabalhar numa edição das obras de Orígenes. Consumido pela doença, Erasmo morre na noite de 11 a 12 de julho, sem padre nem sacramento, mas invocando a misericórdia do Cristo.

Coleção L&PM POCKET

470. **Pequenos pássaros** – Anaïs Nin
471. **Guia prático do Português correto – vol.3** – Cláudio Moreno
472. **Atire no pianista** – David Goodis
473. **Antologia Poética** – García Lorca
474. **Alexandre e César** – Plutarco
475. **Uma espiã na casa do amor** – Anaïs Nin
476. **A gorda do Tiki Bar** – Dalton Trevisan
477. **Garfield um gato de peso (3)** – Jim Davis
478. **Canibais** – David Coimbra
479. **A arte de escrever** – Arthur Schopenhauer
480. **Pinóquio** – Carlo Collodi
481. **Misto-quente** – Bukowski
482. **A lua na sarjeta** – David Goodis
483. **O melhor do Recruta Zero (1)** – Mort Walker
484. **Aline: TPM – tensão pré-monstrual (2)** – Adão Iturrusgarai
485. **Sermões do Padre Antonio Vieira**
486. **Garfield numa boa (4)** – Jim Davis
487. **Mensagem** – Fernando Pessoa
488. **Vendeta** seguido de **A paz conjugal** – Balzac
489. **Poemas de Alberto Caeiro** – Fernando Pessoa
490. **Ferragus** – Honoré de Balzac
491. **A duquesa de Langeais** – Honoré de Balzac
492. **A menina dos olhos de ouro** – Honoré de Balzac
493. **O lírio do vale** – Honoré de Balzac
497. **A noite das bruxas** – Agatha Christie
498. **Um passe de mágica** – Agatha Christie
499. **Nêmesis** – Agatha Christie
500. **Esboço para uma teoria das emoções** – Sartre
501. **Renda básica de cidadania** – Eduardo Suplicy
502. (1). **Pílulas para viver melhor** – Dr. Lucchese
503. (2). **Pílulas para prolongar a juventude** – Dr. Lucchese
504. (3). **Desembarcando o diabetes** – Dr. Lucchese
505. (4). **Desembarcando o sedentarismo** – Dr. Fernando Lucchese e Cláudio Castro
506. (5). **Desembarcando a hipertensão** – Dr. Lucchese
507. (6). **Desembarcando o colesterol** – Dr. Fernando Lucchese e Fernanda Lucchese
508. **Estudos de mulher** – Balzac
509. **O terceiro tira** – Flann O'Brien
510. **100 receitas de aves e ovos** – J. A. P. Machado
511. **Garfield em toneladas de diversão (5)** – Jim Davis
512. **Trem-bala** – Martha Medeiros
513. **Os cães ladram** – Truman Capote
514. **O Kama Sutra de Vatsyayana**
515. **O crime do Padre Amaro** – Eça de Queiroz
516. **Odes de Ricardo Reis** – Fernando Pessoa
517. **O inverno da nossa desesperança** – Steinbeck
518. **Piratas do Tietê (1)** – Laerte
519. **Rê Bordosa: do começo ao fim** – Angeli
520. **O Harlem é escuro** – Chester Himes
522. **Eugénie Grandet** – Balzac
523. **O último magnata** – F. Scott Fitzgerald
524. **Carol** – Patricia Highsmith
525. **100 receitas de patisserie** – Sílvio Lancellotti
527. **Tristessa** – Jack Kerouac
528. **O diamante do tamanho do Ritz** – F. Scott Fitzgerald
529. **As melhores histórias de Sherlock Holmes** – Arthur Conan Doyle
530. **Cartas a um jovem poeta** – Rilke
532. **O misterioso sr. Quin** – Agatha Christie
533. **Os analectos** – Confúcio
536. **Ascensão e queda de César Birotteau** – Balzac
537. **Sexta-feira negra** – David Goodis
538. **Ora bolas – O humor de Mario Quintana** – Juarez Fonseca
539. **Longe daqui aqui mesmo** – Antonio Bivar
540. **É fácil matar** – Agatha Christie
541. **O pai Goriot** – Balzac
542. **Brasil, um país do futuro** – Stefan Zweig
543. **O processo** – Kafka
544. **O melhor do Hagar 4** – Dik Browne
545. **Por que não pediram a Evans?** – Agatha Christie
546. **Fanny Hill** – John Cleland
547. **O gato por dentro** – William S. Burroughs
548. **Sobre a brevidade da vida** – Sêneca
549. **Geraldão (1)** – Glauco
550. **Piratas do Tietê (2)** – Laerte
551. **Pagando o pato** – Ciça
552. **Garfield de bom humor (6)** – Jim Davis
553. **Conhece o Mário?** vol.1 – Santiago
554. **Radicci 6** – Iotti
555. **Os subterrâneos** – Jack Kerouac
556. (1). **Balzac** – François Taillandier
557. (2). **Modigliani** – Christian Parisot
558. (3). **Kafka** – Gérard-Georges Lemaire
559. (4). **Júlio César** – Joël Schmidt
560. **Receitas da família** – J. A. Pinheiro Machado
561. **Boas maneiras à mesa** – Celia Ribeiro
562. (9). **Filhos sadios, pais felizes** – R. Pagnoncelli
563. (10). **Fatos & mitos** – Dr. Fernando Lucchese
564. **Ménage à trois** – Paula Taitelbaum
565. **Mulheres!** – David Coimbra
566. **Poemas de Álvaro de Campos** – Fernando Pessoa
567. **Medo e outras histórias** – Stefan Zweig
568. **Snoopy e sua turma (1)** – Schulz
569. **Piadas para sempre (1)** – Visconde da Casa Verde
570. **O alvo móvel** – Ross Macdonald
571. **O melhor do Recruta Zero (2)** – Mort Walker
572. **Um sonho americano** – Norman Mailer
573. **Os broncos também amam** – Angeli
574. **Crônica de um amor louco** – Bukowski
575. (5). **Freud** – René Major e Chantal Talagrand
576. (6). **Picasso** – Gilles Plazy
577. (7). **Gandhi** – Christine Jordis
578. **A tumba** – H. P. Lovecraft
579. **O príncipe e o mendigo** – Mark Twain
580. **Garfield, um charme de gato (7)** – Jim Davis

581. Ilusões perdidas – Balzac
582. Esplendores e misérias das cortesãs – Balzac
583. Walter Ego – Angeli
584. Striptiras (1) – Laerte
585. Fagundes: um puxa-saco de mão cheia – Laerte
586. Depois do último trem – Josué Guimarães
587. Ricardo III – Shakespeare
588. Dona Anja – Josué Guimarães
589. 24 horas na vida de uma mulher – Stefan Zweig
590. Mulher no escuro – Dashiell Hammett
591. No que acredito – Bertrand Russell
592. Odisseia (1): Telemaquia – Homero
593. O cavalo cego – Josué Guimarães
594. Henrique V – Shakespeare
595. Fabulário geral do delírio cotidiano – Bukowski
596. Tiros na noite 1: A mulher do bandido – Dashiell Hammett
597. Snoopy em Feliz Dia dos Namorados! (2) – Schulz
600. Crime e castigo – Dostoiévski
601. Mistério no Caribe – Agatha Christie
602. Odisseia (2): Regresso – Homero
603. Piadas para sempre (2) – Visconde da Casa Verde
604. À sombra do vulcão – Malcolm Lowry
605. (8). Kerouac – Yves Buin
606. E agora são cinzas – Angeli
607. As mil e uma noites – Paulo Caruso
608. Um assassino entre nós – Ruth Rendell
609. Crack-up – F. Scott Fitzgerald
610. Do amor – Stendhal
611. Cartas do Yage – William Burroughs e Allen Ginsberg
612. Striptiras (2) – Laerte
613. Henry & June – Anaïs Nin
614. A piscina mortal – Ross Macdonald
615. Geraldão (2) – Glauco
616. Tempo de delicadeza – A. R. de Sant'Anna
617. Tiros na noite 2: Medo de tiro – Dashiell Hammett
618. Snoopy em Assim é a vida, Charlie Brown! (3) – Schulz
619. 1954 – Um tiro no coração – Hélio Silva
620. Sobre a inspiração poética (Íon) e ... – Platão
621. Garfield e seus amigos (8) – Jim Davis
622. Odisseia (3): Ítaca – Homero
623. A louca matança – Chester Himes
624. Factótum – Bukowski
625. Guerra e Paz: volume 1 – Tolstói
626. Guerra e Paz: volume 2 – Tolstói
627. Guerra e Paz: volume 3 – Tolstói
628. Guerra e Paz: volume 4 – Tolstói
629. (9). Shakespeare – Claude Mourthé
630. Bem está o que bem acaba – Shakespeare
631. O contrato social – Rousseau
632. Geração Beat – Jack Kerouac
633. Snoopy: É Natal! (4) – Charles Schulz
634. Testemunha da acusação – Agatha Christie
635. Um elefante no caos – Millôr Fernandes
636. Guia de leitura (100 autores que você precisa ler) – Organização de Léa Masina
637. Pistoleiros também mandam flores – David Coimbra
638. O prazer das palavras – vol. 1 – Cláudio Moreno
639. O prazer das palavras – vol. 2 – Cláudio Moreno
640. Novíssimo testamento: com Deus e o diabo, a dupla da criação – Iotti
641. Literatura Brasileira: modos de usar – Luís Augusto Fischer
642. Dicionário de Porto-Alegrês – Luís A. Fischer
643. Clô Dias & Noites – Sérgio Jockymann
644. Memorial de Isla Negra – Pablo Neruda
645. Um homem extraordinário e outras histórias – Tchékhov
646. Ana sem terra – Alcy Cheuiche
647. Adultérios – Woody Allen
651. Snoopy: Posso fazer uma pergunta, professora? (5) – Charles Schulz
652. (10). Luís XVI – Bernard Vincent
653. O mercador de Veneza – Shakespeare
654. Cancioneiro – Fernando Pessoa
655. Non-Stop – Martha Medeiros
656. Carpinteiros, levantem bem alto a cumeeira & Seymour, uma apresentação – J.D.Salinger
657. Ensaios céticos – Bertrand Russell
658. O melhor de Hagar 5 – Dik e Chris Browne
659. Primeiro amor – Ivan Turguêniev
660. A trégua – Mario Benedetti
661. Um parque de diversões da cabeça – Lawrence Ferlinghetti
662. Aprendendo a viver – Sêneca
663. Garfield, um gato em apuros (9) – Jim Davis
664. Dilbert (1) – Scott Adams
666. A imaginação – Jean-Paul Sartre
667. O ladrão e os cães – Naguib Mahfuz
669. A volta do parafuso *seguido de* Daisy Miller – Henry James
670. Notas do subsolo – Dostoiévski
671. Abobrinhas da Brasilônia – Glauco
672. Geraldão (3) – Glauco
673. Piadas para sempre (3) – Visconde da Casa Verde
675. Duas viagens ao Brasil – Hans Staden
676. A arte da guerra – Maquiavel
677. Além do bem e do mal – Nietzsche
678. O coronel Chabert *seguido de* A mulher abandonada – Balzac
679. O sorriso de marfim – Ross Macdonald
680. 100 receitas de pescados – Sílvio Lancellotti
681. O juiz e seu carrasco – Friedrich Dürrenmatt
682. Noites brancas – Dostoiévski
683. Quadras ao gosto popular – Fernando Pessoa
685. Kaos – Millôr Fernandes
686. A pele de onagro – Balzac
687. As ligações perigosas – Choderlos de Laclos
689. Os Lusíadas – Luís Vaz de Camões
690. (11). Átila – Éric Deschodt
691. Um jeito tranquilo de matar – Chester Himes
692. A felicidade conjugal *seguido de* O diabo – Tolstói
693. Viagem de um naturalista ao redor do mundo – vol. 1 – Charles Darwin
694. Viagem de um naturalista ao redor do mundo – vol. 2 – Charles Darwin

695. **Memórias da casa dos mortos** – Dostoiévski
696. **A Celestina** – Fernando de Rojas
697. **Snoopy: Como você é azarado, Charlie Brown! (6)** – Charles Schulz
698. **Dez (quase) amores** – Claudia Tajes
699. **Poirot sempre espera** – Agatha Christie
701. **Apologia de Sócrates** precedido de **Êutifron e** seguido de **Críton** – Platão
702. **Wood & Stock** – Angeli
703. **Striptiras (3)** – Laerte
704. **Discurso sobre a origem e os fundamentos da desigualdade entre os homens** – Rousseau
705. **Os duelistas** – Joseph Conrad
706. **Dilbert (2)** – Scott Adams
707. **Viver e escrever (vol. 1)** – Edla van Steen
708. **Viver e escrever (vol. 2)** – Edla van Steen
709. **Viver e escrever (vol. 3)** – Edla van Steen
710. **A teia da aranha** – Agatha Christie
711. **O banquete** – Platão
712. **Os belos e malditos** – F. Scott Fitzgerald
713. **Libelo contra a arte moderna** – Salvador Dalí
714. **Akropolis** – Valerio Massimo Manfredi
715. **Devoradores de mortos** – Michael Crichton
716. **Sob o sol da Toscana** – Frances Mayes
717. **Batom na cueca** – Nani
718. **Vida dura** – Claudia Tajes
719. **Carne trêmula** – Ruth Rendell
720. **Cris, a fera** – David Coimbra
721. **O anticristo** – Nietzsche
722. **Como um romance** – Daniel Pennac
723. **Emboscada no Forte Bragg** – Tom Wolfe
724. **Assédio sexual** – Michael Crichton
725. **O espírito do Zen** – Alan W.Watts
726. **Um bonde chamado desejo** – Tennessee Williams
727. **Como gostais** seguido de **Conto de inverno** – Shakespeare
728. **Tratado sobre a tolerância** – Voltaire
729. **Snoopy: Doces ou travessuras? (7)** – Charles Schulz
730. **Cardápios do Anonymus Gourmet** – J.A. Pinheiro Machado
731. **100 receitas com lata** – J.A. Pinheiro Machado
732. **Conhece o Mário?** vol.2 – Santiago
733. **Dilbert (3)** – Scott Adams
734. **História de um louco amor** seguido de **Passado amor** – Horacio Quiroga
735(11). **Sexo: muito prazer** – Laura Meyer da Silva
736(12). **Para entender o adolescente** – Dr. Ronald Pagnoncelli
737(13). **Desembarcando a tristeza** – Dr. Fernando Lucchese
738. **Poirot e o mistério da arca espanhola & outras histórias** – Agatha Christie
739. **A última legião** – Valerio Massimo Manfredi
741. **Sol nascente** – Michael Crichton
742. **Duzentos ladrões** – Dalton Trevisan
743. **Os devaneios do caminhante solitário** – Rousseau
744. **Garfield, o rei da preguiça (10)** – Jim Davis
745. **Os magnatas** – Charles R. Morris
746. **Pulp** – Charles Bukowski
747. **Enquanto agonizo** – William Faulkner
748. **Aline: viciada em sexo (3)** – Adão Iturrusgarai
749. **A dama do cachorrinho** – Anton Tchékhov
750. **Tito Andrônico** – Shakespeare
751. **Antologia poética** – Anna Akhmátova
752. **O melhor de Hagar 6** – Dik e Chris Browne
753(12). **Michelangelo** – Nadine Sautel
754. **Dilbert (4)** – Scott Adams
755. **O jardim das cerejeiras** seguido de **Tio Vânia** – Tchékhov
756. **Geração Beat** – Claudio Willer
757. **Santos Dumont** – Alcy Cheuiche
758. **Budismo** – Claude B. Levenson
759. **Cleópatra** – Christian-Georges Schwentzel
760. **Revolução Francesa** – Frédéric Bluche, Stéphane Rials e Jean Tulard
761. **A crise de 1929** – Bernard Gazier
762. **Sigmund Freud** – Edson Sousa e Paulo Endo
763. **Império Romano** – Patrick Le Roux
764. **Cruzadas** – Cécile Morrisson
765. **O mistério do Trem Azul** – Agatha Christie
768. **Senso comum** – Thomas Paine
769. **O parque dos dinossauros** – Michael Crichton
770. **Trilogia da paixão** – Goethe
773. **Snoopy: No mundo da lua! (8)** – Charles Schulz
774. **Os Quatro Grandes** – Agatha Christie
775. **Um brinde de cianureto** – Agatha Christie
776. **Súplicas atendidas** – Truman Capote
779. **A viúva imortal** – Millôr Fernandes
780. **Cabala** – Roland Goetschel
781. **Capitalismo** – Claude Jessua
782. **Mitologia grega** – Pierre Grimal
783. **Economia: 100 palavras-chave** – Jean-Paul Betbèze
784. **Marxismo** – Henri Lefebvre
785. **Punição para a inocência** – Agatha Christie
786. **A extravagância do morto** – Agatha Christie
787(13). **Cézanne** – Bernard Fauconnier
788. **A identidade Bourne** – Robert Ludlum
789. **Da tranquilidade da alma** – Sêneca
790. **Um artista da fome** seguido de **Na colônia penal e outras histórias** – Kafka
791. **Histórias de fantasmas** – Charles Dickens
796. **O Uraguai** – Basílio da Gama
797. **A mão misteriosa** – Agatha Christie
798. **Testemunha ocular do crime** – Agatha Christie
799. **Crepúsculo dos ídolos** – Friedrich Nietzsche
802. **O grande golpe** – Dashiell Hammett
803. **Humor barra pesada** – Nani
804. **Vinho** – Jean-François Gautier
805. **Egito Antigo** – Sophie Desplancques
806(14). **Baudelaire** – Jean-Baptiste Baronian
807. **Caminho da sabedoria, caminho da paz** – Dalai Lama e Felizitas von Schönborn
808. **Senhor e servo e outras histórias** – Tolstói
809. **Os cadernos de Malte Laurids Brigge** – Rilke
810. **Dilbert (5)** – Scott Adams
811. **Big Sur** – Jack Kerouac
812. **Seguindo a correnteza** – Agatha Christie
813. **O álibi** – Sandra Brown
814. **Montanha-russa** – Martha Medeiros
815. **Coisas da vida** – Martha Medeiros
816. **A cantada infalível** seguido de **A mulher do centroavante** – David Coimbra
819. **Snoopy: Pausa para a soneca (9)** – Charles Schulz
820. **De pernas pro ar** – Eduardo Galeano

821.**Tragédias gregas** – Pascal Thiercy
822.**Existencialismo** – Jacques Colette
823.**Nietzsche** – Jean Granier
824.**Amar ou depender?** – Walter Riso
825.**Darmapada: A doutrina budista em versos**
826.**J'Accuse...! – a verdade em marcha** – Zola
827.**Os crimes ABC** – Agatha Christie
828.**Um gato entre os pombos** – Agatha Christie
831.**Dicionário de teatro** – Luiz Paulo Vasconcellos
832.**Cartas extraviadas** – Martha Medeiros
833.**A longa viagem de prazer** – J. J. Morosoli
834.**Receitas fáceis** – J. A. Pinheiro Machado
835.(14).**Mais fatos & mitos** – Dr. Fernando Lucchese
836.(15).**Boa viagem!** – Dr. Fernando Lucchese
837.**Aline: Finalmente nua!!!** (4) – Adão Iturrusgarai
838.**Mônica tem uma novidade!** – Mauricio de Sousa
839.**Cebolinha em apuros!** – Mauricio de Sousa
840.**Sócios no crime** – Agatha Christie
841.**Bocas do tempo** – Eduardo Galeano
842.**Orgulho e preconceito** – Jane Austen
843.**Impressionismo** – Dominique Lobstein
844.**Escrita chinesa** – Viviane Alleton
845.**Paris: uma história** – Yvan Combeau
846(15).**Van Gogh** – David Haziot
848.**Portal do destino** – Agatha Christie
849.**O futuro de uma ilusão** – Freud
850.**O mal-estar na cultura** – Freud
853.**Um crime adormecido** – Agatha Christie
854.**Satori em Paris** – Jack Kerouac
855.**Medo e delírio em Las Vegas** – Hunter Thompson
856.**Um negócio fracassado e outros contos de humor** – Tchékhov
857.**Mônica está de férias!** – Mauricio de Sousa
858.**De quem é esse coelho?** – Mauricio de Sousa
860.**O mistério Sittaford** – Agatha Christie
861.**Manhã transfigurada** – L. A. de Assis Brasil
862.**Alexandre, o Grande** – Pierre Briant
863.**Jesus** – Charles Perrot
864.**Islã** – Paul Balta
865.**Guerra da Secessão** – Farid Ameur
866.**Um rio que vem da Grécia** – Cláudio Moreno
868.**Assassinato na casa do pastor** – Agatha Christie
869.**Manual do líder** – Napoleão Bonaparte
870(16).**Billie Holiday** – Sylvia Fol
871.**Bidu arrasando!** – Mauricio de Sousa
872.**Os Sousa: Desventuras em família** – Mauricio de Sousa
874.**E no final a morte** – Agatha Christie
875.**Guia prático do Português correto – vol. 4** – Cláudio Moreno
876.**Dilbert (6)** – Scott Adams
877(17).**Leonardo da Vinci** – Sophie Chauveau
878.**Bella Toscana** – Frances Mayes
879.**A arte da ficção** – David Lodge
880.**Striptiras (4)** – Laerte
881.**Skrotinhos** – Angeli
882.**Depois do funeral** – Agatha Christie
883.**Radicci 7** – Iotti
884.**Walden** – H. D. Thoreau
885.**Lincoln** – Allen C. Guelzo
886.**Primeira Guerra Mundial** – Michael Howard
887.**A linha de sombra** – Joseph Conrad
888.**O amor é um cão dos diabos** – Bukowski
890.**Despertar: uma vida de Buda** – Jack Kerouac
891(18).**Albert Einstein** – Laurent Seksik
892.**Hell's Angels** – Hunter Thompson
893.**Ausência na primavera** – Agatha Christie
894.**Dilbert (7)** – Scott Adams
895.**Ao sul de lugar nenhum** – Bukowski
896.**Maquiavel** – Quentin Skinner
897.**Sócrates** – C.C.W. Taylor
899.**O Natal de Poirot** – Agatha Christie
900.**As veias abertas da América Latina** – Eduardo Galeano
901.**Snoopy: Sempre alerta! (10)** – Charles Schulz
902.**Chico Bento: Plantando confusão** – Mauricio de Sousa
903.**Penadinho: Quem é morto sempre aparece** – Mauricio de Sousa
904.**A vida sexual da mulher feia** – Claudia Tajes
905.**100 segredos de liquidificador** – José Antonio Pinheiro Machado
906.**Sexo muito prazer 2** – Laura Meyer da Silva
907.**Os nascimentos** – Eduardo Galeano
908.**As caras e as máscaras** – Eduardo Galeano
909.**O século do vento** – Eduardo Galeano
910.**Poirot perde uma cliente** – Agatha Christie
911.**Cérebro** – Michael O'Shea
912.**O escaravelho de ouro e outras histórias** – Edgar Allan Poe
913.**Piadas para sempre (4)** – Visconde da Casa Verde
914.**100 receitas de massas light** – Helena Tonetto
915(19).**Oscar Wilde** – Daniel Salvatore Schiffer
916.**Uma breve história do mundo** – H. G. Wells
917.**A Casa do Penhasco** – Agatha Christie
919.**John M. Keynes** – Bernard Gazier
920(20).**Virginia Woolf** – Alexandra Lemasson
921.**Peter e Wendy** *seguido de* **Peter Pan em Kensington Gardens** – J. M. Barrie
922.**Aline: numas de colegial (5)** – Adão Iturrusgarai
923.**Uma dose mortal** – Agatha Christie
924.**Os trabalhos de Hércules** – Agatha Christie
926.**Kant** – Roger Scruton
927.**A inocência do Padre Brown** – G.K. Chesterton
928.**Casa Velha** – Machado de Assis
929.**Marcas de nascença** – Nancy Huston
930.**Aulete de bolso**
931.**Hora Zero** – Agatha Christie
932.**Morte na Mesopotâmia** – Agatha Christie
934.**Nem te conto, João** – Dalton Trevisan
935.**As aventuras de Huckleberry Finn** – Mark Twain
936(21).**Marilyn Monroe** – Anne Plantagenet
937.**China moderna** – Rana Mitter
938.**Dinossauros** – David Norman
939.**Louca por homem** – Claudia Tajes
940.**Amores de alto risco** – Walter Riso
941.**Jogo de damas** – David Coimbra
942.**Filha é filha** – Agatha Christie
943.**M ou N?** – Agatha Christie
945.**Bidu: diversão em dobro!** – Mauricio de Sousa
946.**Fogo** – Anaïs Nin
947.**Rum: diário de um jornalista bêbado** – Hunter Thompson
948.**Persuasão** – Jane Austen

949. **Lágrimas na chuva** – Sergio Faraco
950. **Mulheres** – Bukowski
951. **Um pressentimento funesto** – Agatha Christie
952. **Cartas na mesa** – Agatha Christie
954. **O lobo do mar** – Jack London
955. **Os gatos** – Patricia Highsmith
956(22). **Jesus** – Christiane Rancé
957. **História da medicina** – William Bynum
958. **O Morro dos Ventos Uivantes** – Emily Brontë
959. **A filosofia na era trágica dos gregos** – Nietzsche
960. **Os treze problemas** – Agatha Christie
961. **A massagista japonesa** – Moacyr Scliar
963. **Humor do miserê** – Nani
964. **Todo o mundo tem dúvida, inclusive você** – Édison de Oliveira
965. **A dama do Bar Nevada** – Sergio Faraco
969. **O psicopata americano** – Bret Easton Ellis
970. **Ensaios de amor** – Alain de Botton
971. **O grande Gatsby** – F. Scott Fitzgerald
972. **Por que não sou cristão** – Bertrand Russell
973. **A Casa Torta** – Agatha Christie
974. **Encontro com a morte** – Agatha Christie
975(23). **Rimbaud** – Jean-Baptiste Baronian
976. **Cartas na rua** – Bukowski
977. **Memória** – Jonathan K. Foster
978. **A abadia de Northanger** – Jane Austen
979. **As pernas de Úrsula** – Claudia Tajes
980. **Retrato inacabado** – Agatha Christie
981. **Solanin (1)** – Inio Asano
982. **Solanin (2)** – Inio Asano
983. **Aventuras de menino** – Mitsuru Adachi
984(16). **Fatos & mitos sobre sua alimentação** – Dr. Fernando Lucchese
985. **Teoria quântica** – John Polkinghorne
986. **O eterno marido** – Fiódor Dostoiévski
987. **Um safado em Dublin** – J. P. Donleavy
988. **Mirinha** – Dalton Trevisan
989. **Akhenaton e Nefertiti** – Carmen Seganfredo e A. S. Franchini
990. **On the Road – o manuscrito original** – Jack Kerouac
991. **Relatividade** – Russell Stannard
992. **Abaixo de zero** – Bret Easton Ellis
993(24). **Andy Warhol** – Mériam Korichi
995. **Os últimos casos de Miss Marple** – Agatha Christie
996. **Nico Demo: Aí vem encrenca** – Mauricio de Sousa
998. **Rousseau** – Robert Wokler
999. **Noite sem fim** – Agatha Christie
1000. **Diários de Andy Warhol (1)** – Editado por Pat Hackett
1001. **Diários de Andy Warhol (2)** – Editado por Pat Hackett
1002. **Cartier-Bresson: o olhar do século** – Pierre Assouline
1003. **As melhores histórias da mitologia: vol. 1** – A.S. Franchini e Carmen Seganfredo
1004. **As melhores histórias da mitologia: vol. 2** – A.S. Franchini e Carmen Seganfredo
1005. **Assassinato no beco** – Agatha Christie
1006. **Convite para um homicídio** – Agatha Christie
1008. **História da vida** – Michael J. Benton
1009. **Jung** – Anthony Stevens
1010. **Arsène Lupin, ladrão de casaca** – Maurice Leblanc
1011. **Dublinenses** – James Joyce
1012. **120 tirinhas da Turma da Mônica** – Mauricio de Sousa
1013. **Antologia poética** – Fernando Pessoa
1014. **A aventura de um cliente ilustre** *seguido de* **O último adeus de Sherlock Holmes** – Sir Arthur Conan Doyle
1015. **Cenas de Nova York** – Jack Kerouac
1016. **A corista** – Anton Tchékhov
1017. **O diabo** – Leon Tolstói
1018. **Fábulas chinesas** – Sérgio Capparelli e Márcia Schmaltz
1019. **O gato do Brasil** – Sir Arthur Conan Doyle
1020. **Missa do Galo** – Machado de Assis
1021. **O mistério de Marie Rogêt** – Edgar Allan Poe
1022. **A mulher mais linda da cidade** – Bukowski
1023. **O retrato** – Nicolai Gogol
1024. **O conflito** – Agatha Christie
1025. **Os primeiros casos de Poirot** – Agatha Christie
1027(25). **Beethoven** – Bernard Fauconnier
1028. **Platão** – Julia Annas
1029. **Cleo e Daniel** – Roberto Freire
1030. **Til** – José de Alencar
1031. **Viagens na minha terra** – Almeida Garrett
1032. **Profissões para mulheres e outros artigos feministas** – Virginia Woolf
1033. **Mrs. Dalloway** – Virginia Woolf
1034. **O cão da morte** – Agatha Christie
1035. **Tragédia em três atos** – Agatha Christie
1037. **O fantasma da Ópera** – Gaston Leroux
1038. **Evolução** – Brian e Deborah Charlesworth
1039. **Medida por medida** – Shakespeare
1040. **Razão e sentimento** – Jane Austen
1041. **A obra-prima ignorada** *seguido de* **Um episódio durante o Terror** – Balzac
1042. **A fugitiva** – Anaïs Nin
1043. **As grandes histórias da mitologia greco-romana** – A. S. Franchini
1044. **O corno de si mesmo & outras historietas** – Marquês de Sade
1045. **Da felicidade** *seguido de* **Da vida retirada** – Sêneca
1046. **O horror em Red Hook e outras histórias** – H. P. Lovecraft
1047. **Noite em claro** – Martha Medeiros
1048. **Poemas clássicos chineses** – Li Bai, Du Fu e Wang Wei
1049. **A terceira moça** – Agatha Christie
1050. **Um destino ignorado** – Agatha Christie
1051(26). **Buda** – Sophie Royer
1052. **Guerra Fria** – Robert J. McMahon
1053. **Simons's Cat: as aventuras de um gato travesso e comilão – vol. 1** – Simon Tofield
1054. **Simons's Cat: as aventuras de um gato travesso e comilão – vol. 2** – Simon Tofield
1055. **Só as mulheres e as baratas sobreviverão** – Claudia Tajes
1057. **Pré-história** – Chris Gosden
1058. **Pintou sujeira!** – Mauricio de Sousa
1059. **Contos de Mamãe Gansa** – Charles Perrault
1060. **A interpretação dos sonhos: vol. 1** – Freud
1061. **A interpretação dos sonhos: vol. 2** – Freud
1062. **Frufru Rataplã Dolores** – Dalton Trevisan
1063. **As melhores histórias da mitologia egípcia** – Carmem Seganfredo e A.S. Franchini

1064. **Infância. Adolescência. Juventude** – Tolstói
1065. **As consolações da filosofia** – Alain de Botton
1066. **Diários de Jack Kerouac – 1947-1954**
1067. **Revolução Francesa – vol. 1** – Max Gallo
1068. **Revolução Francesa – vol. 2** – Max Gallo
1069. **O detetive Parker Pyne** – Agatha Christie
1070. **Memórias do esquecimento** – Flávio Tavares
1071. **Drogas** – Leslie Iversen
1072. **Manual de ecologia (vol.2)** – J. Lutzenberger
1073. **Como andar no labirinto** – Affonso Romano de Sant'Anna
1074. **A orquídea e o serial killer** – Juremir Machado da Silva
1075. **Amor nos tempos de fúria** – Lawrence Ferlinghetti
1076. **A aventura do pudim de Natal** – Agatha Christie
1078. **Amores que matam** – Patricia Faur
1079. **Histórias de pescador** – Mauricio de Sousa
1080. **Pedaços de um caderno manchado de vinho** – Bukowski
1081. **A ferro e fogo: tempo de solidão (vol.1)** – Josué Guimarães
1082. **A ferro e fogo: tempo de guerra (vol.2)** – Josué Guimarães
1084.(17).**Desembarcando o Alzheimer** – Dr. Fernando Lucchese e Dra. Ana Hartmann
1085. **A maldição do espelho** – Agatha Christie
1086. **Uma breve história da filosofia** – Nigel Warburton
1088. **Heróis da História** – Will Durant
1089. **Concerto campestre** – L. A. de Assis Brasil
1090. **Morte nas nuvens** – Agatha Christie
1092. **Aventura em Bagdá** – Agatha Christie
1093. **O cavalo amarelo** – Agatha Christie
1094. **O método de interpretação dos sonhos** – Freud
1095. **Sonetos de amor e desamor** – Vários
1096. **120 tirinhas do Dilbert** – Scott Adams
1097. **200 fábulas de Esopo**
1098. **O curioso caso de Benjamin Button** – F. Scott Fitzgerald
1099. **Piadas para sempre: uma antologia para morrer de rir** – Visconde da Casa Verde
1100. **Hamlet (Mangá)** – Shakespeare
1101. **A arte da guerra (Mangá)** – Sun Tzu
1104. **As melhores histórias da Bíblia (vol.1)** – A. S. Franchini e Carmen Seganfredo
1105. **As melhores histórias da Bíblia (vol.2)** – A. S. Franchini e Carmen Seganfredo
1106. **Psicologia das massas e análise do eu** – Freud
1107. **Guerra Civil Espanhola** – Helen Graham
1108. **A autoestrada do sul e outras histórias** – Julio Cortázar
1109. **O mistério dos sete relógios** – Agatha Christie
1110. **Peanuts: Ninguém gosta de mim... (amor)** – Charles Schulz
1111. **Cadê o bolo?** – Mauricio de Sousa
1112. **O filósofo ignorante** – Voltaire
1113. **Totem e tabu** – Freud
1114. **Filosofia pré-socrática** – Catherine Osborne
1115. **Desejo de status** – Alain de Botton
1118. **Passageiro para Frankfurt** – Agatha Christie
1120. **Kill All Enemies** – Melvin Burgess
1121. **A morte da sra. McGinty** – Agatha Christie
1122. **Revolução Russa** – S. A. Smith
1123. **Até você, Capitu?** – Dalton Trevisan
1124. **O grande Gatsby (Mangá)** – F. S. Fitzgerald
1125. **Assim falou Zaratustra (Mangá)** – Nietzsche
1126. **Peanuts: É para isso que servem os amigos (amizade)** – Charles Schulz
1127.(27).**Nietzsche** – Dorian Astor
1128. **Bidu: Hora do banho** – Mauricio de Sousa
1129. **O melhor do Macanudo Taurino** – Santiago
1130. **Radicci 30 anos** – Iotti
1131. **Show de sabores** – J.A. Pinheiro Machado
1132. **O prazer das palavras** – vol. 3 – Cláudio Moreno
1133. **Morte na praia** – Agatha Christie
1134. **O fardo** – Agatha Christie
1135. **Manifesto do Partido Comunista (Mangá)** – Marx & Engels
1136. **A metamorfose (Mangá)** – Franz Kafka
1137. **Por que você não se casou... ainda** – Tracy McMillan
1138. **Textos autobiográficos** – Bukowski
1139. **A importância de ser prudente** – Oscar Wilde
1140. **Sobre a vontade na natureza** – Arthur Schopenhauer
1141. **Dilbert (8)** – Scott Adams
1142. **Entre dois amores** – Agatha Christie
1143. **Cipreste triste** – Agatha Christie
1144. **Alguém viu uma assombração?** – Mauricio de Sousa
1145. **Mandela** – Elleke Boehmer
1146. **Retrato do artista quando jovem** – James Joyce
1147. **Zadig ou o destino** – Voltaire
1148. **O contrato social (Mangá)** – J.-J. Rousseau
1149. **Garfield fenomenal** – Jim Davis
1150. **A queda da América** – Allen Ginsberg
1151. **Música na noite & outros ensaios** – Aldous Huxley
1152. **Poesias inéditas & Poemas dramáticos** – Fernando Pessoa
1153. **Peanuts: Felicidade é...** – Charles M. Schulz
1154. **Mate-me por favor** – Legs McNeil e Gillian McCain
1155. **Assassinato no Expresso Oriente** – Agatha Christie
1156. **Um punhado de centeio** – Agatha Christie
1157. **A interpretação dos sonhos (Mangá)** – Freud
1158. **Peanuts: Você não entende o sentido da vida** – Charles M. Schulz
1159. **A dinastia Rothschild** – Herbert R. Lottman
1160. **A Mansão Hollow** – Agatha Christie
1161. **Nas montanhas da loucura** – H.P. Lovecraft
1162.(28).**Napoleão Bonaparte** – Pascale Fautrier
1163. **Um corpo na biblioteca** – Agatha Christie
1164. **Inovação** – Mark Dodgson e David Gann
1165. **O que toda mulher deve saber sobre os homens: a afetividade masculina** – Walter Riso
1166. **O amor está no ar** – Mauricio de Sousa
1167. **Testemunha de acusação & outras histórias** – Agatha Christie
1168. **Etiqueta de bolso** – Celia Ribeiro
1169. **Poesia reunida (volume 3)** – Affonso Romano de Sant'Anna
1170. **Emma** – Jane Austen
1171. **Que seja em segredo** – Ana Miranda
1172. **Garfield sem apetite** – Jim Davis

1173. **Garfield: Foi mal...** – Jim Davis
1174. **Os irmãos Karamázov (Mangá)** – Dostoiévski
1175. **O Pequeno Príncipe** – Antoine de Saint-Exupéry
1176. **Peanuts: Ninguém mais tem o espírito aventureiro** – Charles M. Schulz
1177. **Assim falou Zaratustra** – Nietzsche
1178. **Morte no Nilo** – Agatha Christie
1179. **Ê, soneca boa** – Mauricio de Sousa
1180. **Garfield a todo o vapor** – Jim Davis
1181. **Em busca do tempo perdido (Mangá)** – Proust
1182. **Cai o pano: o último caso de Poirot** – Agatha Christie
1183. **Livro para colorir e relaxar** – Livro 1
1184. **Para colorir sem parar**
1185. **Os elefantes não esquecem** – Agatha Christie
1186. **Teoria da relatividade** – Albert Einstein
1187. **Compêndio da psicanálise** – Freud
1188. **Visões de Gerard** – Jack Kerouac
1189. **Fim de verão** – Mohiro Kitoh
1190. **Procurando diversão** – Mauricio de Sousa
1191. **E não sobrou nenhum e outras peças** – Agatha Christie
1192. **Ansiedade** – Daniel Freeman & Jason Freeman
1193. **Garfield: pausa para o almoço** – Jim Davis
1194. **Contos do dia e da noite** – Guy de Maupassant
1195. **O melhor de Hagar 7** – Dik Browne
1196. (29). **Lou Andreas-Salomé** – Dorian Astor
1197. (30). **Pasolini** – René de Ceccatty
1198. **O caso do Hotel Bertram** – Agatha Christie
1199. **Crônicas de motel** – Sam Shepard
1200. **Pequena filosofia da paz interior** – Catherine Rambert
1201. **Os sertões** – Euclides da Cunha
1202. **Treze à mesa** – Agatha Christie
1203. **Bíblia** – John Riches
1204. **Anjos** – David Albert Jones
1205. **As tirinhas do Guri de Uruguaiana 1** – Jair Kobe
1206. **Entre aspas (vol.1)** – Fernando Eichenberg
1207. **Escrita** – Andrew Robinson
1208. **O spleen de Paris: pequenos poemas em prosa** – Charles Baudelaire
1209. **Satíricon** – Petrônio
1210. **O avarento** – Molière
1211. **Queimando na água, afogando-se na chama** – Bukowski
1212. **Miscelânea septuagenária: contos e poemas** – Bukowski
1213. **Que filosofar é aprender a morrer e outros ensaios** – Montaigne
1214. **Da amizade e outros ensaios** – Montaigne
1215. **O medo à espreita e outras histórias** – H.P. Lovecraft
1216. **A obra de arte na era de sua reprodutibilidade técnica** – Walter Benjamin
1217. **Sobre a liberdade** – John Stuart Mill
1218. **O segredo de Chimneys** – Agatha Christie
1219. **Morte na rua Hickory** – Agatha Christie
1220. **Ulisses (Mangá)** – James Joyce
1221. **Ateísmo** – Julian Baggini
1222. **Os melhores contos de Katherine Mansfield** – Katherine Mansfield
1223. (31). **Martin Luther King** – Alain Foix
1224. **Millôr Definitivo: uma antologia de *A Bíblia do Caos*** – Millôr Fernandes
1225. **O Clube das Terças-Feiras e outras histórias** – Agatha Christie
1226. **Por que sou tão sábio** – Nietzsche
1227. **Sobre a mentira** – Platão
1228. **Sobre a leitura *seguido do* Depoimento de Céleste Albaret** – Proust
1229. **O homem do terno marrom** – Agatha Christie
1230. (32). **Jimi Hendrix** – Franck Médioni
1231. **Amor e amizade e outras histórias** – Jane Austen
1232. **Lady Susan, Os Watson e Sanditon** – Jane Austen
1233. **Uma breve história da ciência** – William Bynum
1234. **Macunaíma: o herói sem nenhum caráter** – Mário de Andrade
1235. **A máquina do tempo** – H.G. Wells
1236. **O homem invisível** – H.G. Wells
1237. **Os 36 estratagemas: manual secreto da arte da guerra** – Anônimo
1238. **A mina de ouro e outras histórias** – Agatha Christie
1239. **Pic** – Jack Kerouac
1240. **O habitante da escuridão e outros contos** – H.P. Lovecraft
1241. **O chamado de Cthulhu e outros contos** – H.P. Lovecraft
1242. **O melhor de Meu reino por um cavalo!** – Edição de Ivan Pinheiro Machado
1243. **A guerra dos mundos** – H.G. Wells
1244. **O caso da criada perfeita e outras histórias** – Agatha Christie
1245. **Morte por afogamento e outras histórias** – Agatha Christie
1246. **Assassinato no Comitê Central** – Manuel Vázquez Montalbán
1247. **O papai é pop** – Marcos Piangers
1248. **O papai é pop 2** – Marcos Piangers
1249. **A mamãe é rock** – Ana Cardoso
1250. **Paris boêmia** – Dan Franck
1251. **Paris libertária** – Dan Franck
1252. **Paris ocupada** – Dan Franck
1253. **Uma anedota infame** – Dostoiévski
1254. **O último dia de um condenado** – Victor Hugo
1255. **Nem só de caviar vive o homem** – J.M. Simmel
1256. **Amanhã é outro dia** – J.M. Simmel
1257. **Mulherzinhas** – Louisa May Alcott
1258. **Reforma Protestante** – Peter Marshall
1259. **História econômica global** – Robert C. Allen
1260. (33). **Che Guevara** – Alain Foix
1261. **Câncer** – Nicholas James
1262. **Akhenaton** – Agatha Christie
1263. **Aforismos para a sabedoria de vida** – Arthur Schopenhauer
1264. **Uma história do mundo** – David Coimbra
1265. **Ame e não sofra** – Walter Riso
1266. **Desapegue-se!** – Walter Riso
1267. **Os Sousa: Uma família do barulho** – Mauricio de Sousa

1268. **Nico Demo: O rei da travessura** – Mauricio de Sousa
1269. **Testemunha de acusação e outras peças** – Agatha Christie
1270.(34).**Dostoiévski** – Virgil Tanase
1271. **O melhor de Hagar 8** – Dik Browne
1272. **O melhor de Hagar 9** – Dik Browne
1273. **O melhor de Hagar 10** – Dik e Chris Browne
1274. **Considerações sobre o governo representativo** – John Stuart Mill
1275. **O homem Moisés e a religião monoteísta** – Freud
1276. **Inibição, sintoma e medo** – Freud
1277. **Além do princípio de prazer** – Freud
1278. **O direito de dizer não!** – Walter Riso
1279. **A arte de ser flexível** – Walter Riso
1280. **Casados e descasados** – August Strindberg
1281. **Da Terra à Lua** – Júlio Verne
1282. **Minhas galerias e meus pintores** – Kahnweiler
1283. **A arte do romance** – Virginia Woolf
1284. **Teatro completo v. 1: As aves da noite** *seguido de* **O visitante** – Hilda Hilst
1285. **Teatro completo v. 2: O verdugo** *seguido de* **A morte do patriarca** – Hilda Hilst
1286. **Teatro completo v. 3: O rato no muro** *seguido de* **Auto da barca de Camiri** – Hilda Hilst
1287. **Teatro completo v. 4: A empresa** *seguido de* **O novo sistema** – Hilda Hilst
1289. **Fora de mim** – Martha Medeiros
1290. **Divã** – Martha Medeiros
1291. **Sobre a genealogia da moral: um escrito polêmico** – Nietzsche
1292. **A consciência de Zeno** – Italo Svevo
1293. **Células-tronco** – Jonathan Slack
1294. **O fim do ciúme e outros contos** – Proust
1295. **A jangada** – Júlio Verne
1296. **A ilha do dr. Moreau** – H.G. Wells
1297. **Ninho de fidalgos** – Ivan Turguêniev
1298. **Jane Eyre** – Charlotte Brontë
1299. **Sobre gatos** – Bukowski
1300. **Sobre o amor** – Bukowski
1301. **Escrever para não enlouquecer** – Bukowski
1302. **222 receitas** – J. A. Pinheiro Machado
1303. **Reinações de Narizinho** – Monteiro Lobato
1304. **O Saci** – Monteiro Lobato
1305. **Memórias da Emília** – Monteiro Lobato
1306. **O Picapau Amarelo** – Monteiro Lobato
1307. **A reforma da Natureza** – Monteiro Lobato
1308. **Fábulas** *seguido de* **Histórias diversas** – Monteiro Lobato
1309. **Aventuras de Hans Staden** – Monteiro Lobato
1310. **Peter Pan** – Monteiro Lobato
1311. **Dom Quixote das crianças** – Monteiro Lobato
1312. **O Minotauro** – Monteiro Lobato
1313. **Um quarto só seu** – Virginia Woolf
1314. **Sonetos** – Shakespeare
1315.(35).**Thoreau** – Marie Berthoumieu e Laura El Makki
1316. **Teoria da arte** – Cynthia Freeland
1317. **A arte da prudência** – Baltasar Gracián
1318. **O louco** *seguido de* **Areia e espuma** – Khalil Gibran
1319. **O profeta** *seguido de* **O jardim do profeta** – Khalil Gibran
1320. **Jesus, o Filho do Homem** – Khalil Gibran
1321. **A luta** – Norman Mailer
1322. **Sobre o sofrimento do mundo e outros ensaios** – Schopenhauer
1323. **Epidemiologia** – Rodolfo Sacacci
1324. **Japão moderno** – Christopher Goto-Jones
1325. **A arte da meditação** – Matthieu Ricard
1326. **O adversário secreto** – Agatha Christie
1327. **Pollyanna** – Eleanor H. Porter
1328. **Espelhos** – Eduardo Galeano
1329. **A Vênus das peles** – Sacher-Masoch
1330. **O 18 de brumário de Luís Bonaparte** – Karl Marx
1331. **Um jogo para os vivos** – Patricia Highsmith
1332. **A tristeza pode esperar** – J.J. Camargo
1333. **Vinte poemas de amor e uma canção desesperada** – Pablo Neruda
1334. **Judaísmo** – Norman Solomon
1335. **Esquizofrenia** – Christopher Frith & Eve Johnstone
1336. **Seis personagens em busca de um autor** – Luigi Pirandello
1337. **A Fazenda dos Animais** – George Orwell
1338. **1984** – George Orwell
1339. **Ubu Rei** – Alfred Jarry
1340. **Sobre bêbados e bebidas** – Bukowski
1341. **Tempestade para os vivos e para os mortos** – Bukowski
1342. **Complicado** – Natsume Ono
1343. **Sobre o livre-arbítrio** – Schopenhauer
1344. **Uma breve história da literatura** – John Sutherland
1345. **Você fica tão sozinho às vezes que até faz sentido** – Bukowski
1346. **Um apartamento em Paris** – Guillaume Musso
1347. **Receitas fáceis e saborosas** – José Antonio Pinheiro Machado
1348. **Por que engordamos** – Gary Taubes
1349. **A fabulosa história do hospital** – Jean-Noël Fabiani
1350. **Voo noturno** *seguido de* **Terra dos homens** – Antoine de Saint-Exupéry
1351. **Doutor Sax** – Jack Kerouac
1352. **O livro do Tao e da virtude** – Lao-Tsé
1353. **Pista negra** – Antonio Manzini
1354. **A chave de vidro** – Dashiell Hammett
1355. **Martin Eden** – Jack London
1356. **Já te disse adeus, e agora, como te esqueço?** – Walter Riso
1357. **A viagem do descobrimento** – Eduardo Bueno
1358. **Náufragos, traficantes e degredados** – Eduardo Bueno
1359. **Retrato do Brasil** – Paulo Prado
1360. **Maravilhosamente imperfeito, escandalosamente feliz** – Walter Riso
1361. **É...** – Millôr Fernandes
1362. **Duas tábuas e uma paixão** – Millôr Fernandes
1363. **Selma e Sinatra** – Martha Medeiros
1364. **Tudo que eu queria te dizer** – Martha Medeiros
1365. **Várias histórias** – Machado de Assis

lepmeditores
www.lpm.com.br
o site que conta tudo

IMPRESSÃO:

PALLOTTI
GRÁFICA

Santa Maria - RS | Fone: (55) 3220.4500
www.graficapallotti.com.br